Premiers Poèmes

Anthologie de poètes français et francophones avec exercices de vocabulaire, de grammaire et de prononciation

3ÈME ÉDITION

Ruth Plaut Weinreb

Copyright © 2013 by Wayside Publishing

Illustrations and cover art by Amy Young

All rights reserved. No part of this publication may be reproduced, stored in a retrieval system, or transmitted in any form or by any means, electronic, mechanical, photocopying, recording, or otherwise, without the prior written permission of the publisher.

Printed in USA

2nd Printing

ISBN 978-1-938026-58-4

 Premiers Poèmes

About the Author

Ruth Plaut Weinreb received her Ph.D. in French from Columbia University. She was a member of the Department of French and Italian at the State University of New York at Stony Brook, and has taught at Harvard University, the French School at Middlebury College, and Buckingham Browne and Nichols School. Dr. Weinreb has taught courses on French language and literature, civilization, phonetics, and business. Her publications include the textbooks *Visions et révisions* and *Façons de voir*, and a biography, *Eagle in a Gauze Cage: Louise d'Epinay femme de lettres*, as well as numerous articles. She was awarded a Scholar in Residence at the Bellagio (Italy) Study Center by the Rockefeller Foundation.

Acknowledgments

Grateful acknowledgment is given authors, heirs, agents, agencies, and publishers for permission to reprint or reproduce the following copyrighted material. Every effort has been made to determine copyright owners. In the case of any omissions, the publisher will be happy to make suitable acknowledgment in future editions.

Paul Géraldy, "Dualisme," from *Toi et moi*. Editions Stock.

Elalongué Epanya Yondo, "Dors mon enfant" in *Kamerun! Kamerun!* Présence Africaine 1960.

Anna de Noailles, "La Paix du soir." © Librairie Arthème Fayard.

Malick Fall, "Composition" in *Reliefs*. Présence Africaine 1964.

Paul Fort, "Ronde," from *Ballades françaises*. Flammarion.

Léon Laleau, "Trahison," from *Anthologie de la nouvelle poésie nègre et malgache de langue française,* edited by Léopold-Sédar Senghor. Presses Universitaires de France.

Léon Gondran Damas, "Savoir-vivre" in *Pigments*. Présence Africaine 1962.

Aliette Audra, "Unsaid." Editions Subervie.

Jacques Prévert, "Pour toi, mon amour;" "Le Cancre." Editions Gallimard.

Pierre Reverdy, "Son de Cloche." Flammarion.

Paul Eluard, "Bonne Justice." Gallimard.

Robert Desnos, "La Fourmi." Gründ.

The author wishes to thank Michèle Shockey and Arlette Conklin for their useful suggestions.

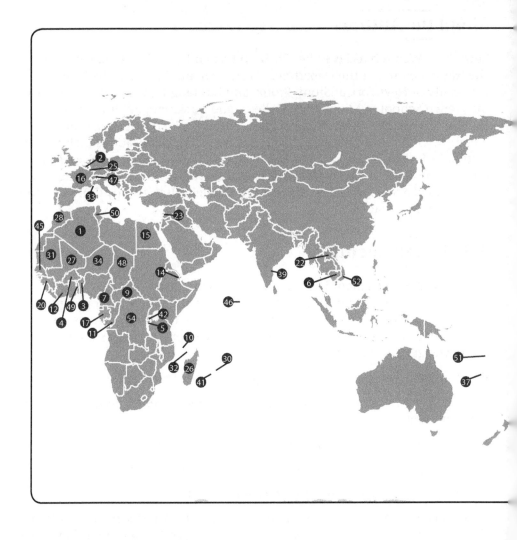

Le Monde francophone

1. Algérie
2. Belgique
3. Bénin
4. Burkina Faso
5. Burundi
6. Cambodge
7. Cameroun
8. Canada
9. République Centrafricaine
10. Comores
11. République du Congo
12. Côte-d'Ivoire
13. Dominique
14. Djibouti
15. Égypte
16. France
17. Gabon
18. Guadeloupe
19. Guyane française
20. Guinée
21. Haïti
22. Laos
23. Liban
24. Louisiane
25. Luxembourg
26. Madagascar
27. Mali
28. Maroc
29. Martinique
30. Maurice
31. Mauritanie
32. Mayotte

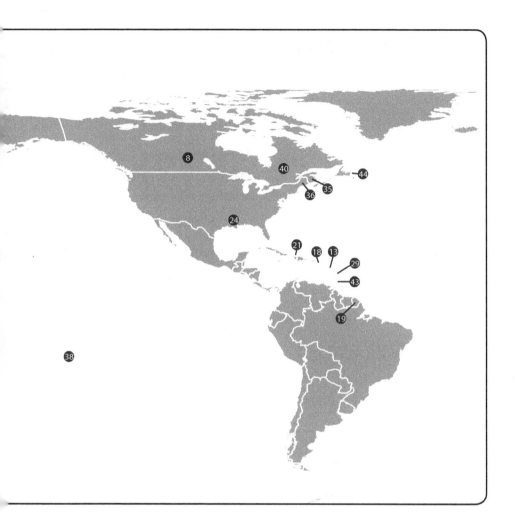

33. Monaco
34. Niger
35. Nouveau-Brunswick
36. Nouvelle-Angleterre
37. Nouvelle-Calédonie
38. Polynésie
39. Pondichéry
40. Québec
41. Réunion
42. Rwanda
43. Sainte-Lucie
44. Saint-Pierre-et-Miquelon
45. Sénégal
46. Seychelles
47. Suisse
48. Tchad
49. Togo
50. Tunisie
51. Vanuatu
52. Viêt-nam
53. Wallis-et-Futuna
54. République démocratique du Congo

Le Monde francophone

Table des matières

Robert Desnos
La Fourmi 4
  Vocabulaire: Les vêtements
  Exercices: Le pronom ça
  Son: [a]

Comptines 8
  Vocabulaire: La nourriture
  Exercices: Le présent
  Son: [i]

Théodore de Banville
Le Thé 14
  Vocabulaire: Les boissons
  Exercices: Les articles
  Son: [e]

Marceline Desbordes-Valmore
Les Roses de Saadi 17
  Vocabulaire: La couleur
  Exercices: Le pronom objet direct
  Son: [ø]

Paul Géraldy
Dualisme 20
  Vocabulaire: L'argent
  Exercices: La possession
  Son: [o]

Jacques Prévert
Pour toi mon amour 23
  Vocabulaire: Le marché
  Exercices: Le passé composé
  Son: Liaison

Elalongué Epanya Yondo
Dors mon enfant 26
  Vocabulaire: La famille
  Exercices: L'adjectif possessif
  Son: [ɔ]

Alfred de Musset
Se voir le plus... 30
  Vocabulaire: La santé
  Exercices: L'infinitif
  Son: [ɛ]

Emile Verhaeren
Le Vent 34
  Vocabulaire: La maison
  Exercices: L'impératif
  Son: [u]

Bernard de Ventadour
J'ai le cœur 38
  Vocabulaire: La nature
  Exercices: L'adverbe
  Son: [r]

Table des matières

Gérard de Nerval
Le Relais 41
Vocabulaire: Le transport
Exercices: Le pronom **on**
Son: [œ]

Pierre Reverdy
Son de cloche 44
Vocabulaire: Le temps
Exercices: La négation
Son: [y]

Théophile Gautier
Chinoiserie 48
Vocabulaire: Les faux amis
Exercices: Le pronom relatif
Son: [ə]

Anna de Noailles
La Paix du soir 52
Vocabulaire: Les sons
Exercices: Les nombres
Son: Enchaînement

Malick Fall
Composition 56
Vocabulaire: Les arts
Exercices: L'adjectif qualificatif
Son: Mots «maudits»

Paul Eluard
Bonne Justice 61
Vocabulaire: La justice
Exercices: Le pluriel
Son: [s]

Paul Fort
Ronde 64
Vocabulaire: La géographie
Exercices: L'imparfait
Son: [z]

Fanny de Beauharnais
Portrait des Français 68
Vocabulaire: Le caractère
Le mot: tout
Son: [õe]

Léon Laleau
Trahison 71
Vocabulaire: Le sentiment
Exercices: L'adjectif démonstratif
Son: [ɔ̃]

Léon Damas
Savoir-vivre 74
Vocabulaire: Le corps
Exercices: Le pronom tonique
Son: [ɛ̃]

Table des matières

Marie Laurencin
Le Calmant 77
Vocabulaire: Les mesures
Exercices: La comparaison
Son: [ã]

Jacques Prévert
Le Cancre 81
Vocabulaire: L'école
Exercices: Le présent
Son: [ʒ]

Aliette Audra
Unsaid 84
Vocabulaire: Les mots
Exercices: L'imparfait; le conditionnel
Son: Mots «maudits»

Albert Samain
Je rêve de vers doux... 87
Vocabulaire: La poésie
Exercices: Le participe présent
Son: [j]

Appendice. 90

Charles d'Orléans
Rondeau 91

Pierre de Ronsard
Mignonne, allons voir.... 92

Jean de la Fontaine
La Cigale et la Fourmi 93

Victor Hugo
Demain dès l'aube 94

Charles Baudelaire
L'Etranger 95

Paul Verlaine
Mon Rêve familier 96

Arthur Rimbaud
Sensation 97

Alphabet Phonétique. . . . 98

Glossaire. 100

Index d'auteurs 115

Introduction

This small volume, first published thirty years ago, continues with the original objectives. Poems, simple in their content and form, are chosen to appeal to students of every age, from adolescence onward, at beginning and intermediate levels of French study. The collection is drawn primarily from poets of the nineteenth and twentieth centuries and also includes authors from the Middle Ages on. The writers include men and women from France and francophone countries, including Belgium, Cameroun, Canada, Guyana, Haiti, and Senegal. Because of the level of difficulty, some great poets have been omitted or appear only in the appendix.

Poems are loosely grouped according to subject or tone: whimsy, love, nature, individualism, and poetry itself. Instructors may wish to change the order of presentation and adapt the texts to their specific needs. The level of language varies somewhat; difficult words within each poem are glossed. Several selections may be read for purposes of comparison, for example, Desbordes's "Les Roses de Saadi" with Prévert's "Pour toi mon amour," or Reverdy's "Son de cloche" with Noailles's "La Paix du soir."

The pieces lend themselves to a number of learning objectives and tasks. Most of them are short and simple enough for memorization and the repetition and recitation indispensable for perfecting pronunciation. The questions and exercises accompanying each poem reinforce important elements of the French language outside the usual context of the grammar book. Simple questions check basic comprehension of the poem and lead students to express their opinions orally or in writing. Vocabulary lists related to the poem are developed thematically and are reinforced by brief vocabulary exercises. A special section deals with *faux amis*, false cognates. Grammar exercises generally focus on a point of form or usage related to the poem. They emphasize structures and expressions used in everyday speech. Teachers might wish to introduce, in a preliminary way, points of grammar not yet covered in class, or they may prefer to omit them. Each pronunciation section concentrates on a single sound. Symbols of the International Phonetic Alphabet are introduced in order to emphasize the difference between French and English sounds; examples from English provide a reference for students whose ear or speech organs resist unfamiliar sounds. Commonly mispronounced words are labeled by the pun *mots maudits* and special sections are devoted to them.

A few phrases and a minimum of technical terms needed for discussion of the poems appear at the beginning of the book. This collection is not intended for teaching *explication de texte* or the history of literature or for providing comprehensive study of grammar. The primary objective is to offer students and teachers a means of developing competence and confidence in French that is both enjoyable and intellectually rewarding.

Ruth Plaut Weinreb

Préparation

Les phrases et le vocabulaire suivants seront utiles pour la discussion en classe.

A. Questions

Quel est le sujet principal° du poème?	main
Quelle est l'idée° la plus importante?	idea
Qu'est-ce que cela veut dire°?	What does that mean?
De quoi s'agit-il°?	What is it about?
Comprenez-vous?	
Quelle est l'orthographe° de «vers»?	spelling
Quels sont les mots écrits en lettres majuscules°?	capitals
Pourquoi n'y a-t-il pas de ponctuation?	
Où peut-on ajouter une virgule° ou un point°?	comma/period
Quelle est la strophe° la plus touchante?	stanza
Quel vers° exprime° la mélancolie?	line/expresses
Comment le rythme augmente-t-il l'émotion?	
Quelle est la rime dominante?	
Quel symbole exprime l'amour?	
Quels sons° sont répétés?	sounds
Combien de syllabes y a-t-il dans le dernier vers?	
Quelles comparaisons vous frappent° le plus?	strike
Quel est le sens° du titre°?	meaning/title
Qui parmi vous aime bien la poésie° française?	poetry
Comment dit-on° «symbol» en français?	how do you say

B. Ordres

Apprenez le poème par cœur°.	memorize
Lisez à haute voix° la première strophe.	aloud
Prononcez toutes les voyelles° nasales.	vowels
Trouvez une autre expression convenable°.	appropriate

Comparez le ton° de la première et de la deuxième strophes.	tone
Employez° ces verbes dans une phrase°.	use/sentence
Etudiez l'emploi des images.	
Remarquez° le changement de rythme.	notice
Décrivez le sentiment du poète.	
Choisissez le mot qui convient le mieux.	
Trouvez un synonyme pour ces mots.	
Traduisez° le titre.	translate
Epelez° le premier mot.	spell
Relevez° tous les adjectifs dans la dernière strophe.	point out

Robert Desnos
(1900-1945)

La Fourmi

Une fourmi° de dix-huit mètres   ant
Avec un chapeau sur la tête,
Ça n'existe pas, ça n'existe pas.
Une fourmi traînant° un char°   pulling/wagon
Plein de pingouins° et de canards°,   penguins/ducks
Ça n'existe pas, ça n'existe pas.
Une fourmi parlant français
Parlant latin et javanais,
Ça n'existe pas, ça n'existe pas.
Eh! Pourquoi pas?

Poète et journaliste, membre de la Résistance† pendant la Deuxième Guerre mondiale, Desnos meurt dans un camp de concentration. Il appartient au mouvement surréaliste††. Les répétitions de mots et de rythmes se rencontrent fréquemment dans ses poèmes souvent fantaisistes.

Chantefables et Chantefleurs!Contes et poèmes de toujours, Robert Desnos, @ Librairie Gründ, Paris.
†French underground movement against the German occupation during World War II.
††Surrealism: an artistic movement of the early twentieth century devoted to the supremacy of dreams and instinct over reason and logic.

Questions

Répondez à chaque question par une phrase complète.
1. En quelle saison voit-on les fourmis?
2. Que font les fourmis?
3. Nommez des animaux qu'on rencontre dans les récits mythologiques, les fables ou les bandes dessinées *(comic strips)* ainsi que leurs traits principaux.
4. Quel est le meilleur animal domestique *(pet)*? Pourquoi? Affection, protection?

Vocabulaire

Les vêtements

l' **anorak** *(m)*	parka
le **chandail**	sweater
le **chapeau**	hat
la **chaussette**	sock
la **chaussure**	shoe
la **chemise**	blouse
les **collants** *(m)*	tights
le **complet**	suit
l' **imperméable** *(m)*	raincoat
la **jupe**	skirt
le **maillot**	bathing suit
le **manteau**	coat
le **pantalon**	trousers, pants
la **robe**	dress
la **veste***	jacket
les **vêtements** *(m)*	clothing
coudre	to sew
enlever	to take off
faire sa toilette*	to get washed
s'habiller	to get dressed
mettre	to put on
porter	to wear

* Many French words that resemble English words have entirely different meanings. These words, false cognates, are called *faux amis*, pronounced [fo-za-mi]. They are indicated by an asterisk throughout the book.

Robert Desnos

Exercices

A. Utilisez le vocabulaire de cette leçon pour compléter chaque phrase.

1. Il faut mettre _____ avant de mettre les chaussures.
2. Le matin je _____ avant de déjeuner.
3. Quand il pleut on porte _____.
4. J'achète _____ pour aller à la plage.
5. Au bureau mon père porte _____ et ma mère porte ___ _____.
6. Moi, je ne porte jamais de _____.
7. Ma grand-mère sait _____. Elle remplace les boutons de mon _____.
8. S'il fait très froid on peut mettre _____ et _____ et _____.

B. Les expressions suivantes utilisent **ça**, forme familière de **cela**. Justifiez l'emploi de chaque expression par une phrase de votre choix que vous mettez avant ou après suivant le cas.

1. **Ça** m'est égal.   I don't care. It's all the same to me.
2. **Ça** ne fait rien.   That doesn't matter. It's all right.
3. **Ça** alors!   Well!
4. **Ça** suffit.   That's enough.
5. **Ça** va? Comme ci comme ça.   How are you? So-so.
6. **Ça** vaut la peine.   It's worth it.
7. **Ça** y est? *(fam)*   Finished? Do you get it?
8. Qu'est-ce que c'est que **ça**? What is that?

C. Complétez la phrase avec les noms de **tous** les pays appropriés.

1. On parle français   en Angleterre   en Inde
2. On parle allemand   au Canada   en Chine
3. On parle arabe   en Argentine   au Japon
4. On parle anglais   en Suisse   au Mexique
5. Les Polonais habitent   en Espagne   au Brésil

Premiers Poèmes

6. On parle chinois   aux Etats-Unis   en Colombie
7. Le hindi se parle   au Sénégal   en Pologne
8. L'espagnol se parle   en Russie   en Haïti
9. Les Japonais habitent   en Allemagne   en Belgique
10. On parle portugais   en Algérie   en Egypte

Prononciation

Prononcez chacun des mots suivants en faisant attention au son [a] comme dans le mot anglais *father*.

1. p**a**s
2. **a**vec
3. m**oi**
4. ç**a**
5. f**e**mme
6. fréqu**e**mment

Comptines

1.
-J'ai mangé un œuf
La moitié° d'un bœuf, half
Quatre-vingts moutons
Autant de chapons°; capons
J'ai bu° la rivière, drank
Et j'ai encore faim!
-Monsieur de Saint-Laurent,
Vous êtes un gourmand°. glutton

2.
En allant chercher mon pain
Je rencontre trois lapins,
Je les mets dans mon panier°, basket
Ils me boivent tout mon lait;
Je les mets dans mon placard°, cupboard
Ils me mangent tout mon lard;
Je les mets au coin du feu,
Ils me font trois petits œufs,
Bleu, blanc, rouge.

3.
Pan pan pan° bang

Maman est à Caen.
J'ai mangé deux œufs,
La tête à deux bœufs,
Cent livres de pain
Et j'ai encore° faim.   still

4.
C'est demain dimanche
La fête° à ma tante   birthday
Qui balaie° sa chambre   is sweeping
Avec sa robe blanche;
Elle trouve une orange,
Elle l'épluche°, la mange.   peels
Oh! la grande gourmande°!   glutton

5.
Sur le Pont-Neuf Henri IV°   1553-1610; roi de France: 1589-1610
Toute la nuit toujours galope;
Ça va bien quand il fait beau,
Mais quand il tombe de la pluie
Il n'a pas de parapluie°,   umbrella
Il est trempé jusqu'aux os°.   soaked to the bone

6.
Sur la route de Châtillon
J'ai rencontré un petit cochon°.   pig
Je le mets dans mon mouchoir,
Il a trop froid;
Je le mets dans mon chapeau,
Il a trop chaud.

7.
C'est demain jeudi
La fête° à mon mari   birthday
Qui balaie° son écurie°   sweeps/stable
Avec une botte° de radis°.   bunch/radishes
Il trouve une souris°,   mouse
Il lui dit: Petite amie,
Va donc voir au Paradis
Si j'y suis°.   If I am there

8.
C'est demain jeudi
La fête aux souris;
Elles vont à Dijon,
Dijon est trop petit;
Elles vont à Paris,
Paris est trop grand;
Elles vont à Bordeaux
Et se noient° dans l'eau. drown

Le mot *comptine* vient du verbe compter. Les comptines sont de petites chansons enfantines, transmises oralement, servant parfois à désigner à qui sera attribué un rôle dans les jeux.

Questions

Répondez à chaque question par une phrase complète.

1. Trouvez tous les mots relatifs à la nourriture.
2. Nommez les animaux différents qui se trouvent dans ces rimes.
3. Cherchez sur une carte de France les villes de Dijon, Bordeaux, Paris et Caen.
4. Dans quelles comptines remarquez-vous particulièrement les rimes?

Vocabulaire

La nourriture

l' **alimentation** *(f)*	food
le beurre	butter
la cuisine	food, kitchen
la farine	flour
le fromage	cheese
le fruit	fruit
les fruits de mer* *(m)*	seafood
le gâteau	cake
le goûter	snack
le légume	vegetable
la nourriture	food
l' **œuf** *(m)*	egg
le pain	bread
le poisson	fish
le poivre	pepper
le repas	meal
le sel	salt
le sucre	sugar
la viande	meat
cuire	to cook
déjeuner	to have lunch, to lunch
dîner	to have dinner, to dine
goûter	to taste
jeûner	to fast
manger	to eat
aigre	sour
cru	raw
cuit	cooked
délicieux/ délicieuse	delicious

doux/ douce	sweet
frais/ fraîche	fresh
mûr	ripe

Exercices

A. Répondez à chaque question par une phrase complète.

1. Que mangez-vous quand vous avez faim?
2. Avec quoi fait-on un gâteau?
3. Que préférez-vous, du fromage ou du sucre? Pourquoi?
4. Quel est votre repas idéal?
5. Qui fait la cuisine chez vous?

B. Complétez chaque phrase avec le présent de l'indicatif du verbe entre parenthèses.

1. Je _____ faim. (avoir)
2. Vous _____ un gourmand. (être)
3. Elle _____ l'orange. (manger)
4. Ça _____ bien quand il fait beau. (aller)
5. Ils _____ trois petits œufs. (faire)
6. Ils _____ tout mon lait. (boire)

Prononciation

Prononcez chacun des mots suivants en faisant attention au son [**i**] comme dans le mot anglais *beef*.

1. **i**c**i**
2. qu**i**
3. **Y**ves
4. **i**nnocent
5. **i**nut**i**le
6. **i** grec
7. rad**is**
8. mar**i**

Premiers Poèmes

9. am**i**
10. d**i**manche
11. Par**i**s

Théodore de Banville
(1823-1891)

Le Thé

Miss Ellen, versez°-moi le Thé	pour
Dans la belle tasse° chinoise	cup
Où des poissons d'or° cherchent noise°	golden/pick a quarrel
Au monstre rose épouvanté°.	frightened
J'aime la folle cruauté°	cruelty
Des chimères° qu'on apprivoise°.	chimeras/tame
Miss Ellen, versez-moi le Thé	
Dans la belle tasse chinoise.	
Là sous un ciel rouge irrité,	
Une dame fière° et sournoise°	proud/sly
Montre en ses longs yeux de turquoise	
L'extase et la naïveté:	
Miss Ellen, versez-moi le Thé.	

Banville attache une grande importance à la rime et s'occupe beaucoup de technique poétique.

Questions

Répondez à chaque question par une phrase complète.

1. Nommez trois sujets peints sur la tasse de thé.
2. De quelle couleur sont les poissons?
3. Nommez les émotions mentionnées dans le poème.
4. Pourquoi aime-t-on cette tasse?
5. Quels sont les sons rimés? Avec quelle alternance?

Vocabulaire

Les boissons

l' **alcool** *(m)*	alcohol
l' **apéritif** *(m)*	aperitif
la **bière**	beer
le **café**	coffee
le **cidre**	cider
l' **eau** *(f)*	water
le **jus**	juice
le **lait**	milk
le **thé**	tea
la **tisane**	herb tea
le **vin**	wine
avaler	to swallow
avoir soif	to be thirsty
boire	to drink
consommer	to consume
potable	drinkable
sain	healthy

Exercices

A. Remplissez chaque blanc avec un mot différent qui convient.

1. Aimes-tu le _____ d'orange?
2. Quand j'ai _____ je bois de l'eau.
3. Si vous buvez du _____ le soir pourrez-vous dormir?
4. Mon père _____ du vin rouge avec la viande rouge.
5. L'enfant ne veut pas _____ ce médicament.

Théodore de Banville

6. Ne bois pas cette eau, elle n'est pas _____.
7. En France, on prend souvent _____ avant le dîner.

B. Employez l'article défini (le, la, les) ou partitif (du, de la, d', des) dans chaque phrase suivante.

1. Je prends _____ crème dans mon café.
2. Tu mets beaucoup _____ sucre dans ton thé.
3. Donnez-moi _____ lait, s'il vous plaît.
4. Mon frère n'aime pas _____ vin.
5. Ne mettez pas trop _____ eau dans la tasse.
6. Ma tante aime _____ jus de fruits.

Prononciation

Prononcez chacun des mots suivants en faisant attention au son [**e**] comme dans le mot anglais *late*.

1. th**é**
2. **et**
3. m**es**
4. av**ez**
5. p**ied**
6. **é**tudi**er**

Marceline Desbordes-Valmore
(1786-1859)

Les Roses de Saadi[†]

J'ai voulu ce matin te rapporter des roses;
Mais j'en avais tant pris dans mes ceintures° closes   sashes
Que les nœuds° trop serrés° n'ont pu les contenir.   knots/tight

Les nœuds ont éclaté°. Les roses envolées°   burst open
Dans le vent, à la mer s'en sont toutes allées.   / blew away
Elles ont suivi l'eau pour ne plus revenir;

La vague en a paru rouge et comme enflammée.
Ce soir, ma robe encore en est tout embaumée°...   fragrant
Respires-en° sur moi l'odorant souvenir.   inhale (the scent)

Marceline Desbordes-Valmore écrit souvent des poèmes dans lesquels se mêlent la nature et l'amour.

[†]Persian poet of the 13th century

Questions

Répondez à chaque question par une phrase complète.

1. Est-ce une femme ou un homme qui parle?
2. Pourquoi ne peut-elle pas rapporter des roses?
3. Pourquoi est-ce que la vague en a «paru rouge»?
4. A quel moment du jour est-ce que le poème commence? se termine?
5. Qu'est-ce qu'elle offre à la place des roses?

Vocabulaire

La couleur

blanc/blanche	white
bleu/bleue	blue
brun/ brune	brown
clair/claire	light
foncé/foncée	dark
gris/grise	gray
jaune	yellow
noir/noire	black
rouge	red
roux/rousse	red-haired
vert/verte	green
vif/vive	bright

Exercices

A. Associez un nom et une couleur. Faites une phrase avec les deux mots.

1. banane   blanc
2. cheveux   jaune
3. herbe   bleu
4. neige   noir
5. nuit   rouge
6. charbon   vert
7. cerise   roux
8. ciel   gris

B. Choisissez dans la liste le pronom objet direct correct pour compléter chaque phrase.

1. J'ai voulu _____ rapporter des roses.	la
2. Les nœuds n'ont pu _____ contenir.	en
3. J' _____ avais pris dans mes ceintures closes.	l'
4. Respire ___ sur moi l'odorant souvenir.	le
5. J'aime beaucoup ce poème. Est-ce que tu ___ aimes?	te
	les

Prononciation

Prononcez chacun des mots suivants en faisant attention au son [ø]. Ce son n'existe pas en anglais. Pour produire ce son pincez les lèvres et dites le son [ə].

1. d**eu**x
2. n**œu**ds
3. j**eu**
4. **Eu**rope
5. adi**eu**
6. monsi**eur**

Paul Géraldy
(1885-1983)

Dualisme

Chérie, explique°-moi pourquoi explain
tu dis: «MON piano, MES roses»,
et: «TES livres, TON chien»... pourquoi
je t'entends déclarer parfois:
«c'est avec MON ARGENT À MOI
que je veux acheter ces choses.»
Ce qui m'appartient° t'appartient! belongs to
Pourquoi ces mots qui nous opposent:
le tien, le mien, le mien, le tien?
Si tu m'aimais tout à fait° bien, completely
tu dirais: «LES livres, LE chien»
et: «NOS roses.»

Géraldy est poète et dramaturge; son sujet principal est l'amour.

Questions

Répondez à chaque question par une phrase complète.

1. Quels sont les mots écrits en lettres majuscules? Pourquoi?
2. Qui sont les deux personnes représentées par le titre «Dualisme»?
3. Quels sont les objets nommés dans le poème?
4. Quels sont les biens les plus précieux pour la femme? Pourquoi?
5. Comment l'amoureux exprime-t-il sa générosité?

Vocabulaire

L'argent

l'argent *(m)*	money
la banque	bank
les biens	possessions
la carte de crédit	credit card
le D.A.B. (**distributeur automatique de billets**)	A.T.M.
l'euro *(m)*	euro (name of European currency)
la monnaie*	currency, change
le prix	price
le revenu*	income
acheter	to buy
coûter	to cost
dépenser	to spend
emprunter	to borrow
épargner	to save
partager	to share
bon marché	inexpensive
cher/chère	expensive
fauché *(fam)*	broke
généreux/généreuse	generous

Paul Géraldy

Exercices

A. Formez des phrases complètes à l'aide des mots suivants.

1. dépenser / argent / fauché
2. emprunter / souvent / généreux
3. partager / ami / prix
4. acheter / chercher / bon marché
5. monnaie / l'Union Européenne / euro
6. besoin /argent /D.A.B.

B. Remplacez l'adjectif possessif par le pronom possessif (le mien, le tien, etc.) correspondant dans les phrases suivantes.

1. J'aime beaucoup mon piano.
2. Mon mari partage ses biens.
3. Nos amis vont se marier.
4. Je veux avoir ma propre chambre.
5. Nous aimons beaucoup leur chien.

Prononciation

Prononcez chacun des mots suivants en faisant attention au son [o] comme dans le mot anglais *boat*.

1. r**o**se
2. ch**o**ses
3. n**os**
4. m**ot**
5. opp**o**sent
6. ch**aud**
7. b**eau**
8. f**aut**
9. **aux**

Jacques Prévert
(1900-1977)

Pour toi mon amour

Je suis allé au marché aux oiseaux
    Et j'ai acheté des oiseaux
        Pour toi
        mon amour
Je suis allé au marché aux fleurs
    Et j'ai acheté des fleurs
        Pour toi
        mon amour
Je suis allé au marché à la ferraille°   scrap iron
    Et j'ai acheté des chaînes
        De lourdes chaînes
          Pour toi
          mon amour
Et puis je suis allé **au marché aux esclaves**°   slaves
    Et je t'ai cherchée
      Mais je ne t'ai pas trouvée
        mon amour

Prévert, né à Paris, est le poète de la vie quotidienne et de l'amour, qu'il décrit avec humour et tendresse.

Jacques Prévert, Paroles, © Editions Gallimard

Questions

Répondez à chaque question par une phrase complète.

1. Dans quels endroits est-ce que le poète a cherché son amour?
2. Quels cadeaux a-t-il achetés?
3. Pourquoi a-t-il acheté des chaînes?
4. Pourquoi n'a-t-il pas trouvé son amour au marché?
5. Comment devinons-nous *(guess)* que la personne aimée n'existe pas?
6. Quel cadeau préférez-vous, un oiseau ou des fleurs? Pourquoi?
7. Quels sont les cadeaux qu'on offre à une personne aimée?

Vocabulaire

Le marché

la caisse	cash register
le client	customer
la course	errand
le magasin	store
le marché	market
le prix	price
le vendeur	salesman
la vendeuse	saleswoman
acheter	to buy
dépenser	to spend
payer	to pay
vendre	to sell
bon marché	inexpensive
cher/chère	expensive

Exercices

A. Faites des phrases complètes à l'aide des mots suivants.

1. client / payer / caisse
2. vendeur / montrer / choses
3. magasin / prix / cher
4. dépenser / beaucoup / hier

5. fermer / magasin / parce que

B. Mettez au passé composé les verbes entre parenthèses.

1. Hier je _____ 200 francs.
   (dépenser)
2. J' _____ beaucoup de courses.
   (faire)
3. Au marché j' _____ ma sœur.
   (voir)
4. Nous _____ le marché ensemble.
   (finir)
5. Nous _____ quelques difficultés à trouver des fleurs.
   (avoir)
6. Les marchands _____ beaucoup d'articles étrangers.
   (vendre)
7. L'année dernière les prix _____.
   (augmenter)
8. Hier après-midi je _____ à la banque.
   (aller)

Prononciation

Prononcez chacun des mots suivants en faisant attention à la **liaison**, c'est-à-dire en liant la consonne finale d'un mot à la voyelle du début du mot suivant.

1. je suis_allé
2. le marché aux_oiseaux
3. aux_Etats_-Unis
4. vous_avez
5. chez_elles
6. les_enfants
7. comprend[†]-il?
8. tout_à fait

[†]Ici la lettre **d** se prononce comme le son **t**.

Elalongué Epanya Yondo
(né en 1930)

Dors mon enfant

Dors° mon enfant dors	sleep
Quand tu dors	
Tu es beau	
Comme un oranger fleuri°	flowering orange tree
Dors mon enfant dors	
Dors comme	
La mer haute	
Caressée par les clapotis°	lapping (of water)
De la brise	
Qui vient mourir en woua-woua°	water
Au pied de la plage° sablonneuse°	beach/sandy
Dors mon enfant dors	
Dors mon beau bébé noir	
Comme la promesse	
D'une nuit de lune	
Au regard de l'Aube°	dawn
Qui naît° sur ton sommeil.	is born
Dors mon enfant dors	
Tu es si beau	
Quand tu dors	
Mon beau bébé noir dors.	

Né au Cameroun, Yondo a fait des études de sciences sociales et de droit.

Questions

Répondez à chaque question par une phrase complète.

1. Pourquoi y a-t-il beaucop de répétitions dans une berceuse *(lullaby)*?
2. Quel mot est répété? Trouvez ce mot du début à la fin du poème.
3. Pouvez-vous imaginer pourquoi le bébé est comparé à un oranger fleuri?
4. Dans la troisième strophe comment comprenez-vous ces éléments: «la promesse d'une nuit de lune/Au regard de l'Aube qui naît sur ton sommeil»?

Vocabulaire

La famille

le cousin	male cousin
la cousine	female cousin
la famille	family
la femme	wife, woman
la fille	daughter, girl
la petite-fille	granddaughter
le fils	son
le petit-fils	grandson
le frère	brother
le mari	husband
la mère	mother
la grand-mère	grandmother
le neveu	nephew
la nièce	niece
l' oncle *(m)*	uncle
le parent	relative, parent
le père	father
le grand-père	grandfather
la sœur	sister
la tante	aunt
élever (des enfants)	to raise (children)
épouser	to marry
gâter	to spoil
se marier avec	to marry
aîné(e)[†]	older, eldest
benjamin[†]	youngest

Elalongué Epanya Yondo

bien élevé — well brought-up; well-behaved
cadet/cadette[†] — younger
unique* — only

[†]Ces mots s'emploient comme nom avec l'article.

Exercices

A. Complétez les phrases suivantes en utilisant le vocabulaire de cette leçon.

1. La sœur de mon père est _____.
2. La mère de ma mère est _____.
3. Les fils de ma tante sont _____.
4. Le mari de ma mère est _____.
5. Le frère de mon frère est _____.
6. La fille de mon père est _____.
7. La nièce de mon père est _____.

B. Choisissez la forme correcte et substituez l'adjectif possessif à l'article.

1. l'enfant (mon/ma/mes)
2. le regard (ton/ta/tes)
3. les enfants (leur/leurs)
4. le sommeil (ton/ta/tes)
5. la fille (mon/ma/mes)
6. le pied (son/sa/ses)
7. la promesse (son/sa/ses)

C. Donnez l'équivalent masculin de chacun des mots suivants.

1. femme
2. fille
3. tante
4. sœur
5. cousine
6. niece

Prononciation

Prononcez chacun des mots suivants en faisant attention au son [ɔ] comme dans le mot anglais *up*.

1. d**o**rs
2. c**o**mme
3. **o**ranger
4. pr**o**messe
5. s**o**mmeil
6. v**o**tre

Alfred de Musset
(1810-1857)

Se voir le plus...

Se voir le plus possible et s'aimer seulement,
Sans ruse et sans détours, sans honte° ni mensonge°, — shame/lies
Sans qu'un désir nous trompe°, ou qu'un remords nous ronge°, — deceives / torments
Vivre à deux et donner son cœur à tout moment;

Respecter sa pensée aussi loin qu'on y plonge°, — plunges
Faire de son amour un jour au lieu d'un songe,
Et dans cette clarté respirer librement,
-Ainsi respirait Laure† et chantait son amant.

Vous dont chaque pas° touche à la grâce suprême, — step
C'est vous, la tête en fleurs, qu'on croirait sans souci,
C'est vous qui me disiez° qu'il faut aimer ainsi — were telling me
Et c'est moi, vieil enfant du doute et du blasphème
Qui vous écoute, et pense et vous réponds ceci:
Oui, l'on vit° autrement, mais c'est ainsi qu'on aime. — live

Poète et dramaturge romantique célèbre, Musset parle de l'amour et de la souffrance.

†Beloved by the Italian poet Petrarch (1304-1374), who invented the sonnet form.

Questions

Répondez à chaque question par une phrase complète.

1. Deux voix, *vous* et *moi*, expriment le point de vue du poète et de la personne aimée dans ce poème. Lequel veut «donner son cœur à tout moment»?
2. Lequel se dit «vieil enfant du doute»?
3. Le dernier vers distingue entre la vie et l'amour. Quelle est cette distinction?
4. La forme poétique appelée *sonnet* a 14 vers de douze syllabes chacun. Notez les rimes à la fin de chaque vers dans les trois strophes de ce sonnet.

Vocabulaire

La santé

le cœur	heart
le corps	body
l'esprit *(m)*	mind
la fièvre	fever
la gorge	throat
la maladie	disease, sickness
le médecin	doctor
la mort	death
les poumons *(m)*	lungs
le rhume	cold
le sang	blood
la santé	health
la vie	life
avoir bonne / mauvaise mine	to look well/unwell
avoir mal à la gorge / à la tête	to have a sore throat / headache
dormir	to sleep
éternuer	to sneeze
être en bonne / mauvaise forme	to be in good/bad shape
guérir	to cure
mourir (p.p. mort)	to die
naître (p.p. né)	to be born
respirer	to breathe
soigner	to take care of
tousser	to cough
vivre (p.p. vécu)	to live

contagieux/contagieuse	contagious
fatigué	tired
malade	sick
reposé	rested
sain/saine	healthy

Exercices

A. Choisissez le mot correct pour compléter chaque phrase.

1. Quand je suis malade je vais chez le _____.
2. Les cigarettes sont mauvaises pour la _____.
3. Pour mener une vie _____, il faut faire de l'exercice physique.
4. Si vous voulez _____ vite reposez-vous.
5. A cause de sa _____ il doit se coucher.
6. Jacqueline a très bonne _____ aujourd'hui.
7. Ce rhume me fait _____ et éternuer.
8. Enfin le vieillard est _____ d'une longue maladie.
9. Le _____ est essentiel pour vivre.
10. Si tu as mal à la _____ tu peux boire une tisane.

B. Mettez chaque verbe à l'infinitif en commençant la phrase avec les mots *il faut*.

Exemple: Nous lisons le sonnet. *Il faut lire* le sonnet.

1. Nous nous aimons sans ruse.
2. Nous vivons à deux.
3. Vous donnez votre cœur à tout moment.
4. Vous respectez sa pensée.

Prononciation

Prononcez chacun des mots suivants en faisant attention au son [ɛ] comme dans le mot anglais *bed*.

1. elle **est**
2. il **ai**me
3. la t**ê**te
4. ch**è**re
5. f**ai**re
6. s**e**pt

Emile Verhaeren
(1855-1916)

Le Vent

Ouvrez, les gens°, ouvrez la porte,   people
Je frappe au seuil° et à l'auvent°,   threshold/shutter
Ouvrez, les gens, je suis le vent
Qui s'habille de feuilles mortes°.   dead

Entrez, monsieur, entrez le vent,
Voici pour vous la cheminée°   fireplace
Et sa niche badigeonnée°,   whitewashed
Entrez chez nous, monsieur le vent...

Verhaeren, le plus grand poète de la Belgique, est connu pour ses poèmes sur la campagne flamande. On le compare souvent à Walt Whitman.

Questions

Répondez à chaque question par une phrase complète.

1. Qui parle dans la première partie du poème? Dans la deuxième partie?
2. Quels sont les «vêtements» du vent?
3. En quelle saison se sert-on de *(use)* la cheminée?
4. Qui est le plus poli *(polite)*, le vent ou les gens dans la maison? Pourquoi?

Vocabulaire

La maison

l' **appartement** *(m)*	apartment
la **chambre**	room
la **chambre à coucher**	bedroom
la **cuisine**	kitchen
la **douche***	shower
l' **étage** *(m)*	story, floor
la **maison**	house
le **ménage**	household, couple
la **pièce**	room
le **placard**	closet
le **propriétaire**	owner
le **quartier**	neighborhood
le **rez-de-chaussée**	ground floor
la **salle**	room
la **salle de bains**	bathroom (for bathing)
le **salon**	living room
les **toilettes** *(f)*	toilet, bathroom
le **voisin**	male neighbor
la **voisine**	female neighbor
les **W.-C.** *(m)*	toilet (water closet)
construire	to build
déménager	to move out
habiter	to inhabit, to dwell, to live in
s'installer	to install, to settle in
louer	to rent
marcher	to function, to work
faire le ménage	to do housework

Emile Verhaeren

nettoyer		to clean
posséder		to own

Exercices

A. Trouvez un synonyme pour chaque mot suivant.

1. chambre
2. faire le ménage
3. quitter
4. bâtir
5. toilettes

B. Répondez par des phrases complètes.

1. A quel étage sommes-nous maintenant?
2. A quel étage est votre cuisine?
3. Où mettez-vous les manteaux?
4. Qui fait le ménage chez vous?

C. Faites des phrases complètes à l'aide des mots suivants.

1. ménage / s'installer / aujourd'hui
2. préférer / ville / appartement
3. salle de bains / eau / chaud
4. louer / maison / cher
5. rez-de-chaussée / bruit / rue
6. habiter / quartier / tranquille

D. Mettez les verbes suivants aux deux autres formes de l'impératif.

Exemple: Ecoutez le voisin. Ecoute. Ecoutons.

1. Ouvrez la porte.
2. Fermez la fenêtre.
3. Fais bien le ménage.
4. Nettoie le salon tout de suite.

5. Louons un grand appartement.
6. N'allez pas dans ce quartier.
7. Descendez au rez-de-chaussée.
8. Choisissez une belle chambre.
9. Montez au premier étage.
10. Venez chez Dominique ce soir.

Prononciation

Prononcez chacun des mots suivants en faisant attention au son [**u**] comme dans le mot anglais *who*.

1. t**ou**t
2. p**ou**rraient
3. aut**ou**r
4. v**ou**loir
5. g**oû**t
6. c**ou**

Bernard de Ventadour
(12e siècle)

J'ai le cœur

J'ai le cœur si plein de joie	
Qu'il transmue° Nature;	transforms
Le gel° me semble fleur blanche,	frost
Vermeille° et dorée°	vermillion/gilded
Avec le vent et la pluie	
Mon bonheur s'accroît°	increases
C'est pourquoi mon Prix° s'exalte	glory
Et mon chant s'épure.	
J'ai tant d'amour au cœur	
De joie et de douceur°	tenderness
Que frimas° est une fleur	hoarfrost
Et neige, verdure.	

Bernard de Ventadour, du Limousin, est un célèbre troubadour, c'est-à-dire un poète lyrique qui chante l'amour courtois (*courtly love*). Il vit à la cour d'Aliénor d'Acquitaine, l'épouse d'abord de Louis VII, roi de France, ensuite d'Henri Plantagenet, roi d'Angleterre.

Questions

Répondez à chaque question par une phrase complète.

1. Quels mots paraissent deux fois dans ce poème?
2. Dites comment le gel, le vent, le frimas et la neige changent.
3. Dites pourquoi cette transmutation de la Nature a lieu (lisez les vers 1 et 9).

Vocabulaire

La nature

le brouillard	fog
le ciel	sky
l' étoile *(f)*	star
le gel	frost
la lune	moon
la neige	snow
le nuage	cloud
la pluie	rain
le soleil	sun
le vent	wind
briller	to shine
geler	to freeze
neiger	to snow
pleuvoir	to rain
brumeux / brumeuse	foggy
chaud	hot
couvert	cloudy
froid	cold
tiède	warm

Exercices

A. Complétez chaque phrase avec le mot convenable.

1. Quand il pleut le ciel est _____.
2. La nuit on peut voir les _____.
3. Il fait chaud quand le soleil _____.
4. _____ est plus froide que la pluie.
5. Les jours _____ on ne peut pas voir le soleil.

couvert
neige
vent
étoile
voler
brumeux
briller

B. Complétez chaque phrase avec l'adverbe qui convient. Utilisez une fois chaque mot de la liste à droite.

1. Son cœur est _____ plein de joie qu'il transmue Nature.
2. Le poète aime _____ la Nature.
3. Il est _____ heureux avec le vent et la pluie.
4. Il a _____ d'amour au cœur.
5. En hiver il fait _____ froid qu'au printemps.

tant…que
très
plus
beaucoup
si

Prononciation

To produce the French **r** sound, place the tongue in a normal, flat position. Touch the tip of your tongue against your bottom teeth. Say the word *air*. It may help to pretend that you are dislodging something caught in your throat in order to produce the guttural sound.

Prononcez chacun des mots suivants en faisant attention au son [**r**].

1. cœu**r**
2. fleu**r**
3. ve**r**du**r**e
4. natu**r**e
5. f**r**oid
6. **r**ue
7. **r**ire

Gérard de Nerval
(1808-1855)

Le Relais° — stage, posting house

En voyage, on° s'arrête, on descend de voiture°ː — people (you, they) / horse-drawn carriage
Puis entre deux maisons on passe à l'aventure,
Des chevaux, de la route et des fouets° étour- — whips/dazed
di°,
L'œil fatigué de voir et le corps engourdi°. — numb

Et voici tout à coup, silencieuse et verte,
Une vallée humide et de lilas° couverte, — lilac trees
Un ruisseau qui murmure entre les peupliers°, — poplar trees
Et la route et le bruit sont bien vite oubliés!

On se couche dans l'herbe et l'on s'écoute vivre,
De l'odeur du foin° vert à loisir on s'enivre°, — hay / becomes intoxicated from the scent
Et sans penser à rien on regarde les cieux...
Hélas! une voix crie: «En voiture, messieurs!»

L'œuvre en prose et en vers de Nerval relie la vie et le rêve avec un mélange de mélancolie et de gaieté.

Questions

Répondez à chaque question par une phrase complète.

1. Dans la première strophe, quel contraste y a-t-il entre le cheval et les voyageurs?
2. Quelles différences trouvez-vous entre la première et la deuxième strophes?
3. Nommez les éléments de la nature de la deuxième et troisième strophes.
4. Dans quels pays du monde est-ce qu'on voyage à cheval au début du 21e siècle?

Vocabulaire

Le transport

l' **avion**(m)	airplane
la bicyclette	bicycle
le car*	bus
la circulation	traffic
le feu rouge	stop light
la panne	breakdown
la voiture	carriage; automobile
le voyage	trip; journey
arrêter	to stop
avancer	to move forward
conduire	to drive
démarrer	to start
être en panne	to be out of order
marcher	to walk; to function
reculer	to reverse; to back up
voler	to fly
à droite	to the right
à gauche	to the left
tout droit	straight ahead

Exercices

A. Ecrivez l'antonyme de chaque mot ou expression.

1. feu rouge

Premiers Poèmes

2. avancer
3. à droite
4. être en panne
5. démarrer

B. Récrivez chaque phrase en utilisant **on** comme sujet.

1. Les voyageurs s'arrêtent.
2. Ils descendent de voiture.
3. Nous nous couchons dans l'herbe.
4. Vous vous enivrez.
5. Nous regardons le ciel.

Prononciation

Prononcez chacun des mots suivants en faisant attention au son [œ] comme dans le mot anglais *enough*.

1. l'**œ**il
2. p**eu**plier
3. c**œu**r
4. h**eu**re
5. j**eu**ne

Pierre Reverdy
(1899-1960)

Son de cloche°   bell

Tout s'est éteint°   faded away
Le vent passe en chantant
Et les arbres frissonnent°   are shivering
Les animaux sont morts
Il n'y a plus personne
Regarde
Les étoiles ont cessé de briller°   shining
La terre ne tourne pas
Une tête s'est inclinée°   bowed
Les cheveux balayant° la nuit   sweeping
Le dernier clocher° resté debout°   bell tower/still up
Sonne° minuit   is tolling

Reverdy est l'auteur de poèmes surréalistes qui cultivent l'étrange.

Questions

Répondez à chaque question par une phrase complète.

1. Qu'est-ce qui a cessé? Quelles parties de l'univers sont mentionnées dans le poème?
2. Quels sont les éléments mystérieux ou surnaturels?
3. Quelle est l'importance symbolique de l'heure?
4. Quelle est votre réaction à la scène dans ce poème?

Vocabulaire

Le temps

l'an *(m)*	year
l'avenir *(m)*	future
l' heure *(f)*	hour, time
le jour	day
le matin	morning
midi *(m)*	noon
minuit *(m)*	midnight
le mois	month
la nuit	night
la semaine	week
le siècle	century
le soir	evening
le temps	time
se dépêcher	to hurry
durer	to last
passer* le temps	to spend time
perdre du temps	to waste, to lose time
se presser	to hurry
rester debout	to stay awake
vieillir	to grow old, to age
actuellement*	at present, now
aujourd'hui	today
demain	tomorrow
hier	yesterday
hier soir	last night
souvent	often
tard	late
de temps en temps	once in a while
tôt	early

Exercices

A. Trouvez un synonyme pour chacun des mots suivants.

1. un an
2. sept jours
3. se presser
4. le futur
5. cent ans
6. maintenant

B. Lisez l'heure telle qu'elle est indiquée ci-dessous. In France, official time is based on twenty-four hours. A 3 P.M. train leaves at 15 h., an 8 P.M. show starts at 20 h.

1. 8.30 A.M.
2. 10.45 A.M.
3. 6 P.M.
4. 10 P.M.
5. 12 P.M.

C. Mettez au négatif les phrases suivantes. Utilisez diverses expressions négatives, telles que: ne... personne, ne... pas, ne... jamais ne... plus, ne... rien. Faites tous les changements nécessaires.

1. L'horloge s'arrête à midi.
2. Je suis toujours pressé(e).
3. Je comprends tout!
4. Nous restons debout jusqu'à minuit.
5. Il y a quelqu'un là-bas.
6. Le clocher sonne encore.
7. Nous passons notre temps à regarder les étoiles.
8. Nous sommes actuellement au dix-neuvième siècle.

Prononciation

Prononcez chacun des mots suivants en faisant attention au son [**y**]. Mettez les lèvres comme si vous alliez siffler *(whistle)* et dites [i]. Ce son n'existe pas en anglais.

1. **u**ne
2. d**u**
3. pl**us**
4. j'ai **eu**
5. j**u**ste
6. déb**ut**

Théophile Gautier
(1811-1872)

Chinoiserie°   Chinese curio

Ce n'est pas vous, non, madame, que j'aime,
Ni vous non plus°, Juliette†, ni vous,   either
Ophélia†, ni Béatrix†, ni même°   even
Laure† la blonde, avec ses grands yeux doux.

Celle° que j'aime, à présent, est en Chine;   the one
Elle demeure avec ses vieux parents,
Dans une tour° de porcelaine fine,   tower
Au fleuve Jaune, où sont les cormorans°.   cormorant (birds)

Elle a des yeux retroussés° vers les tempes°,   turned up/temples
Un pied petit à tenir dans la main,
Le teint° plus clair que le cuivre° des lampes,   complexion/brass
Les ongles longs et rougis de carmin°.   carmine (red dye)

Par son treillis° elle passe sa tête,   trellis
Que l'hirondelle°, en volant, vient toucher,   swallow
Et, chaque soir, aussi bien qu'un poète,
Chante le saule° et la fleur du pêcher°.   willow/peach tree

Gautier travaille comme peintre avant d'être écrivain. Il conçoit (*conceives*) ses poèmes comme des objets d'art.

†Femmes célèbres aimées de Roméo, Hamlet, Dante et Pétrarque.

Questions

Répondez à chaque question par une phrase complète.

1. Quelles sont les femmes célèbres mentionnées? Pourquoi?
2. Où habite celle qu'aime le poète? En quoi est-ce un lieu exotique?
3. Quelles sont les qualités physiques de la femme dans le poème?
4. Que fait la femme chaque soir?
5. Quels éléments créent l'atmosphère orientale du poème?

Vocabulaire

Many French words that resemble English words have entirely different meanings. These words, false cognates, are called *faux amis*, pronounced [fo-za-mi]. The lists below present words commonly misused.

I. Français-**anglais** **II. Anglais**-français

Les noms

l'avis (m)	**opinion**	advice	le conseil
la chance	**luck**	chance	l'occasion (f), le hasard
le collège	**middle school**	college	l'université (f)
la figure	**face**	figure	le corps
l'injure (f)	**insult**	injury	la blessure
la lecture	**reading**	lecture	la conférence
la librairie	**bookstore**	library	la bibliothèque
le souvenir	**memory**	souvenir	le souvenir

Les verbes

achever	**to complete**	to achieve	réaliser
assister à	**to attend**	to assist	aider
attendre	**to wait**	to attend	assister à

Théophile Gautier

ignorer	**not to know**	**to ignore**	ne tenir aucun compte de
prétendre	**to claim**	**to pretend**	faire semblant
réaliser	**to achieve**	**to realize**	se rendre compte
supporter	**to bear, to tolerate**	**to support**	soutenir

Les adjectifs

actuel	**current, present**	**actual**	réel, véritable
engagé	**committed**	**engaged**	fiancé(e)
propre	**clean, own**	**proper**	convenable
sensible	**sensitive**	**sensible**	raisonnable
sympathique	**likeable**	**sympathetic**	compatissant attractive

Exercices

A. Choisissez le mot qui convient pour completer chaque phrase. Faites les changements nécessaires s'il y a lieu.

1. Nous avons trente pages de _____ pour demain.
2. Cet enfant est trop _____, il pleure facilement.
3. A mon _____ c'est trop difficile.
4. Après beaucoup d'effort tu as _____ ton rêve.
5. Frédéric s'est _____ avec une Italienne.
6. Avez-vous reçu cette _____ en tombant?

lecture
conférence
raisonnable
sensible
avis
opinion
realiser
achever
fiancé
engagé
blessure
injure

Premiers Poèmes

B. Refaites les phrases en employant c'est... qui ou c'est... que pour mettre en relief *(emphasize)* un élément de la phrase.

1. La Chinoise a de beaux yeux.
2. Roméo aime Juliette et Hamlet aime Ophélia.
3. Je vous regarde chaque soir.
4. Théophile Gautier a écrit le poème «Chinoiserie».
5. Je ne vous aime pas, madame.

Prononciation

Prononcez chacun des mots suivants en faisant attention au son [ə] (e muet) comme dans le mot anglais *about*.

1. ce
2. je
3. ne
4. que
5. monsieur
6. faisons

Anna de Noailles
(1876-1933)

La Paix° du soir

peace; calm

Une horloge sonne° minuit — is striking
A travers les nocturnes voiles°, — veils
Elle sonne, on ne sait pas d'où,
Et ce son° est si pur, si doux, — sound
Qu'il semble qu'une blanche étoile
Tombe du ciel à chaque coup°. — stroke
- Douze coups lents, chantants, tranquilles
Comme l'argent dans la sébile°... — beggar's bowl

Née à Paris où elle passe presque toute sa vie, cette femme d'un noble français, fille d'un prince roumain et d'une mère grecque, écrit des poèmes lyriques aux formes régulières.

Questions

Répondez à chaque question par une phrase complète.
1. Décrivez le son de l'horloge.
2. Quel son produisent des pièces de monnaie jetées contre le bois?
3. La comparaison de l'auteur vous semble-t-elle juste? Pourquoi?
4. Quels mots évoquent le sentiment de «paix»?
5. Qu'est-ce qui crée les différences de ton entre ce poème et «Son de cloche»?

Vocabulaire

Les sons

le bruit	noise
l' onde sonore *(f)*	sound wave
l' oreille *(f)*	ear
l' ouïe *(f)*	hearing
le silence	silence
le son	sound
la surdité	deafness
la tonalité	the tone, beep
la voix	voice
aboyer	to bark
chanter	to sing
écouter	to listen
entendre	to hear
klaxonner	to honk a car horn
miauler	to meow
murmurer	to murmur, to babble
ronfler	to snore
siffler	to whistle
sonner	to ring, to strike (the hour)
se taire	to be silent
doux/douce	soft
fort	loud
harmonieux/ harmonieuse	harmonious
sonore	ringing, resonant
sourd	deaf; muted sound

Exercices

A. Associez à chacun des noms suivants un infinitif différent.

1. la cloche
2. le chien
3. le grand-père
4. le chat
5. le chauffeur
6. l'oreille
7. le vent
8. le silence
9. le chœur

B. Lisez les phrases suivantes en faisant attention aux nombres. (Periods [**les points**] and commas [**les virgules**] used with numbers have the *opposite* value in French and English. Periods indicate units of 100, and commas indicate decimals in French.)

2.200 = **deux mille** deux cents   2,2 = **deux et deux dixièmes**

1. La France a environ 65.000.000 d'habitants.
2. Les femmes votent en France depuis 1944.
3. La Révolution française a commencé en 1789.
4. L'Union Européenne a environ 500.000.000 d'habitants.
5. Haïti est indépendant depuis 1804.

C. Lisez les nombres suivants. Quelques fractions sont 1/4 (un quart), 1/3 (un tiers) et 1/2 (un demi).

1. ¼   14   40   80   24   94   74
2. 15   5   65   50   75
3. 6   16   60   76   66
4. 2   112   3   113   13

D. Lisez les dates suivantes. (In French the date is indicated with the day *preceding* the month: 5/1=le cinq janvier, 1/5=le premier mai. *Cardinal* numbers preceded by the definite article indicate the date: *le deux* juillet, *le vingt* juin. The only *ordinal* number used is le premier: *le premier* avril.)

1. 26/4 14/7 9/10
2. 4/7 18/10 20/2
3. 25/12 31/1 17/3

Prononciation

Il y a un **enchaînement** quand on prononce la **consonne** à la fin d'un mot et l'enchaîne à la **voyelle** du mot suivant sans prononcer le e muet et sans hiatus. Prononcez chaque groupe de mots en faisant attention à l'enchaînement.

1. sans ruse et
2. vivre à deux
3. Belle Epoque
4. une œuvre
5. Laure et
6. la tête en
7. la chatte ébène
8. doute et

Malick Fall
(1920-1978)

Composition

Je ne peindrai° pas	will not paint
Un tableau blanc et noir	
Sur un vieux mur de brouillard° assoupi°	fog/dull
Je peindrai	
Une sonate rutilante°	brilliant red
Sur un vieux mur de brouillard sonore	
Couleur de cendre°	ash
Au vent	
Tu pourrais contempler ses couleurs de fièvre°	fever
Les yeux endormis° mais l'oreille tendue°	asleep/straining
Tu verrais alors des murmures envoûtants°	bewitching
Des sortileges°	magic
Des chants en pluie de voix d'or	
Des abeilles° se conter leur pollen d'amour	bees
Et même	
Si tu fermais tes oreilles éblouies°	dazzled
Mon tableau	
Te confierait°	entrust you with
Son hallucinant message	

**De beauté primaire
De déconcertante unité.**

Né au Sénégal, Malick Fall était poète, diplomate et romancier.

Questions

Répondez à chaque question par une phrase complète.

1. Normalement, peut-on contempler (regarder) un tableau «les yeux endormis (fermés)» et est-ce qu'on tend l'oreille pour voir quelque chose?
2. La figure littéraire *synesthésie* veut dire qu'on substitue un sens à un autre: entendre ou sentir une couleur, voir un son. Trouvez-en des exemples dans ce poème.
3. Que signifie le mot «Composition», le titre du poème?
4. Pourquoi serait-on déconcerté par l'unité du tableau?

Vocabulaire

Les arts

l' **acteur** *(m)*	actor
l' **actrice** *(f)*	actress
l' **artiste** *(m/f)*	artist
la **beauté**	beauty
la **chanson**	song
le **goût**	taste
le/la **musicien/ne**	musician
l' **œuvre** *(f)*	work (of art)
le **chef-d'œuvre**	masterpiece
le **peintre**	painter
la **sonate**	sonata
le **tableau**	painting
chanter	to sing
composer	to compose
danser	to dance
jouer de	to play (an instrument)
peindre	to paint

Exercices

A. Complétez chaque phrase avec un mot de la liste de vocabulaire de cette leçon.

1. L'artiste peint un _____.
2. Debussy est un musicien qui savait _____ du piano.

3. C'est un _____, c'est-à-dire sa meilleure œuvre.
4. _____ a changé; on n'aime plus cet opéra.
5. Renoir est un _____ impressioniste que j'aime.

B. Trouvez la forme féminine de chacun des adjectifs suivants.
1. blanc
2. frais
3. grand
4. bon
5. beau
6. faux
7. doux
8. sec
9. vieux
10. heureux
11. premier
12. jeune
13. fou
14. laid

C. Choisissez la forme correcte de l'adjectif.
1. Un tableau _____ (blanc/ blanche)
2. Une sonate _____ (français/ française)
3. Les yeux _____ (endormies / endormis)
4. Les oreilles _____ (grands / grandes)
5. Son message _____ (hallucinant / hallucinante)

Prononciation

Les mots «maudits»* sont souvent mal prononcés par les étrangers. Prononcez chacun des mots suivants en faisant attention aux lettres en caractères gras.

1. fil**s** [fi**s**]

2. fi**ll**e [fij]
3. f**e**mme [fam]
4. hive**r** [iver]
5. **J**e**a**nne [ʒan]
6. vé**c**u [veky]
7. **eu** [y]
8. Sorb**onne** [sɔrbɔn]
9. **i**nnocent [inɔsa]
10. aux Etat**s** Unis [ozetazyni]
11. p**ays** [pei]
12. m**on**sieur [məsjø]
13. chev**aux** [ʃəvo]
14. chev**eux** [ʃəvø]
15. g**a**re [gar]
16. g**ue**rre [gɛr]
17. démocra**tie** [demɔkrasi]
18. les **hors**-d'œuvre [leɔrdœvr]

*This term, a phonetic pun coined by the author, is a play on the words *maudir*, "to damn, to curse," and "*mot*/ word, *dit*/ say." It applies here to commonly mispronounced French words.

Paul Eluard
(1895-1952)

Bonne Justice

C'est la chaude loi° des hommes — law
Du raisin° ils font du vin — grapes
Du charbon° ils font du feu — coal
Des baisers° ils font des hommes — kisses

C'est la dure° loi des hommes — hard
Se garder intact malgré
Les guerres° et la misère, — war
Malgré les dangers de mort

C'est la douce° loi des hommes — sweet
De changer l'eau en lumière
Le rêve° en réalité — dream
Et les ennemis en frères

Une loi vieille et nouvelle
Qui va se perfectionnant
Du fond° du cœur de l'enfant — bottom
Jusqu'à la raison suprême.

Eluard est le poète de l'amour et de la fraternité. Il participe à la Résistance[†] pendant la Deuxième Guerre mondiale. Il est l'un des fondateurs du mouvement surréaliste[††].

Paul Eluard, Pouvoir tout dire recueilli dans Œuvres complètes, tome 11, Bibliothèque de la Pléiade, © Editions Gallimard

[†] French underground movement against the German occupation during World War II.
[††] Surrealism: an artistic movement of the early twentieth century devoted to the supremacy of dreams and instinct over reason and logic.

Questions

Répondez à chaque question par une phrase complète.

1. Quelles sont les différentes lois des hommes?
2. Laquelle est la plus importante? Pourquoi?
3. Comment peut-on changer le rêve en réalité? les ennemis en frères?
4. Quels mots sont répétés? Quel est l'effet produit?
5. Quelle vieille loi continue à se perfectionner?

Vocabulaire

La justice

le devoir	duty
le droit	right
la guerre	war
la liberté	freedom
la loi	law
la paix	peace
la peine	punishment
le pouvoir	power
le procès*	trial
accuser	to accuse
juger	to judge
jurer	to swear, to take oath
lutter	to fight, to struggle
protéger	to protect
coupable	guilty
innocent	innocent
juste	fair

Exercices

A. Trouvez un mot de la même famille que chacun des mots suivants.

Exemple: guerre ⟶ *guerrilla*

1. chaud
2. protéger
3. loi

    4. liberté
    5. justice

B. Choisissez le mot qui convient pour compléter chaque phrase.

    1. On a _____ de voter à dix huit ans.   procès
    2. On fait _____ pour obtenir la liberté.   guerre
    3. Quelles sont _____ les plus importantes?   jurer
    4. Si vous êtes innocent vous n'êtes _____.   coupable
    5. Les lois doivent _____ les hommes.   protéger
    6. Il faut _____ de dire la vérité.   devoir
    7. _____ aura lieu au Palais de justice.   loi
                                                             droit

C. Mettez au pluriel les noms dans les phrases suivantes.

    1. D'un baiser ils font un homme.
    2. Malgré la guerre et le danger il continue.
    3. L'homme change l'ennemi en frère.
    4. Une vieille loi se perfectionne.
    5. La loi vient du cœur de l'enfant.

Prononciation

Prononcez chacun des mots suivants en faisant attention au son [s] comme dans le mot anglais *see*.

    1. **ç**a
    2. **c**iel
    3. ac**ti**on
    4. fran**ç**ais
    5. **s**ur
    6. **s**omme
    7. démocra**tie**
    8. **s**ys**t**ème

Paul Fort
(1872-1960)

Ronde

- Si toutes les filles du monde voulaient
S'donner† la main, tout autour° de la mer, — around
elles pourraient faire une ronde°. — dance in a circle holding hands
- Si tous les gars° du monde voulaient — *(garçons)* boys
bien êtr†' marins°, ils f'raient† — sailors
avec leurs barques° un joli pont sur l'onde. — boats
-Alors on pourrait faire une ronde
autour du monde, si tous les gens
du monde, voulaient s'donner† la main.

Paul Fort est né à Reims, en Champagne. Ses poèmes, intitulés *Ballades françaises*, chantent l'amour, la tradition et la nature.

†These words are spelled as they might be pronounced. The correct spellings are *se donner, être, feraient*.

Questions

Répondez à chaque question par une phrase complète.

1. Qu'est-ce que le serrement de main symbolise?
2. Quels mots dans le poème riment avec *ronde*? Essayez d'expliquer le choix et les sens.
3. Quels autres gestes expriment l'amitié?
4. Quels autres titres conviendraient à ce poème?

Vocabulaire

La géographie

les Antilles *(f)*	islands in the Caribbean, including francophone Martinique, Guadeloupe
les D.O.M./T.O.M. *(m)* **départements d'outre-mer / territoires d'outre-mer**	French overseas departments / French overseas territories
le désert	desert
l' est *(m)*	east
le fleuve	river
l' île *(f)*	island
le lac	lake
le Maghreb	North African countries: Morocco, Algeria, Tunisia
la mer	sea
le Midi	southern France, including Provence
la montagne	mountain
le nord	north
la plage	beach
l' océan *(m)*	ocean
l' ouest *(m)*	west
le pays	country
le sud	south
la terre	earth
occidental	western
oriental	eastern

Paul Fort

Exercices

A. Complétez la phrase avec le mot qui convient.

1. _____ Mediterranée est au sud de la France.
2. A l'ouest de la France il y a _____ Atlantique.
3. La Loire est le plus long _____ de France.
4. Les _____ du Maghreb sont le Maroc, l'Algérie et la Tunisie.
5. L' _____ de la Réunion est située dans l'océan Indien.
6. La Côte d'Azur a de très belles _____.
7. Deux îles des Antilles s'appellent _____ et _____.

la Martinique

pays

île

mer

plages

l'océan

fleuve

la Guadeloupe

B. Mettez le verbe infinitif à l'imparfait ou au conditionnel suivant les cas et finissez chaque phrase.

1. Si les garçons étaients marins, ils (faire)
2. Si tu m'aimais, je (être)
3. Si je regardais bien, je (voir)
4. Je respirerais vite si je (courir)
5. Tu le toucherais si tu (vouloir)
6. Ils le goûteraient mieux s'ils (manger)
7. Je danserais avec toi si tu me le (demander)

Prononciation

Prononcez chacun des mots suivants en faisant attention au son [z] comme dans le mot anglais *prize*.

1. pay**s**age
2. dé**s**ert
3. **z**éro
4. o**s**er
5. poé**s**ie
6. deu**x**ième

Fanny de Beauharnais
(1737-1813)

Portrait des Français

Tous vos goûts sont inconséquents°: — inconsistent, fickle
Un rien° change vos caractères; — insignificant detail
Un rien commande à vos penchants.
Vous prenez pour des feux ardents° — scorching flames
Les bluettes les plus légères°. — slight sparks of fire
La nouveauté, son fol° attrait, — wild
Vous enflamment jusqu'au délire:
Un rien suffit pour vous séduire° — captivate, charm you
Et l'enfance est votre portrait.
Qui vous amuse, vous maîtrise;
Vous fait-on° rire? On a tout fait! — someone
Et vous n'aimez que par surprise.
Vous n'avez tous° qu'un seul jargon, — all of you Frenchmen
Bien° frivole, bien incommode. — quite
Si la raison était de mode,
Vous auriez tous de la raison.

Ainsi que d'autres auteurs du 18e siècle, comme Voltaire dans *Candide*, Beauharnais se moque des faiblesses de son époque.

Questions

Répondez à chaque question par une phrase complète.

1. Trouvez-vous ce portrait entièrement antipathique? Justifiez votre réponse.
2. Est-ce que le ton du poète est amer? comique? sarcastique? Expliquez.
3. Quelle faiblesse semble être la plus grave? les goûts inconséquents? le jargon frivole? autre?
4. Cherchez les mots *tout* et *rien* et dites l'effet de ces mots sur le lecteur.

Vocabulaire

Le caractère

le caractère	character
la confiance	confidence, trust
l' humeur* *(f)*	mood
l' hypocrisie *(f)*	hypocrisy
la patience	patience
la vérité	truth
la volonté	will
adorer	to adore
aimer	to love
estimer	to respect
haïr	to hate
mentir	to lie
respecter	to respect
tricher	to cheat
valoir	to be worth
discret/discrète	discreet
égoïste*	selfish
fidèle	faithful
gai	cheerful
généreux/généreuse	generous
gentil/gentille	nice
honnête	honest
lâche	cowardly
sensible*	sensitive

Exercices

A. Finissez la phrase en utilisant le vocabulaire de cette leçon.
1. On dit que les filles sont plus _____ que les garçons.
2. Les traits que j'admire le plus sont _____ et _____.
3. A mon avis, le/la _____ est plus important(e) que la patience.
4. Une personne _____ sait garder les confidences.
5. Quand je suis de mauvaise _____ je perds patience.
6. Une personne honnête refuse de _____.
7. Ces enfants sont trop _____; ils pleurent si facilement.
8. Il faut avoir beaucoup de _____ pour remplir tous ses devoirs.

B. Choisissez la forme correcte du mot tout pour compléter chaque expression. Utilisez chaque forme au moins une fois.

1. _____ les jours		le tout
2. _____ le monde		toute
3. _____ la journée		tous
4. _____ est plus grand que ses parties		tout
5. _____ de suite		
6. pas du _____		

Prononciation

Prononcez chacun des mots suivants en faisant attention au son nasal [õe] comme dans le mot anglais *enough*. Ne proncez pas le n.

1. **un** livre
2. lu**n**di
3. br**un**
4. comm**un**
5. chac**un**
6. Verd**un**

Léon Laleau
(1892-1979)

Trahison° — betrayal

Ce cœur obsédant°, qui ne correspond — haunting
Pas à mon langage ou à mes costumes,
Et sur lequel mordent°, comme un crampon°, — bite/clamp
Des sentiments d'emprunt° et des coutumes° — borrowed/customs
D'Europe, sentez°-vous cette souffrance — feel
Et ce désespoir° à nul autre égal — despair
D'apprivoiser°, avec des mots de France, — tame
Ce cœur qui m'est venu du Sénégal?

Laleau, poète noir né en Haïti à Port-au-Prince, est aussi diplomate. Il parle souvent dans ses poèmes du conflit de l'homme noir avec la civilisation européenne.

Questions

Répondez à chaque question par une phrase complète.

1. Quelles différences de langue et de coutumes entre Africains et Européens pouvez-vous indiquer?
2. Quel est le plus grand désespoir de ce Noir *(black person)* venu en France?
3. Quel conflit existe entre son cœur et son langage?
4. Quel est le sentiment le plus important du poème?

Vocabulaire

Le sentiment

l' **amitié** *(f)*	friendship
le bonheur	happiness
la douleur	pain, sadness
l' **ennui*** *(m)*	boredom
l' **espoir** *(m)*	hope
le plaisir	pleasure
le sentiment	feeling
le souci	worry
aimer	to love, to like
détester	to detest, to hate
espérer	to hope
s'inquiéter	to worry
pleurer	to cry
rire	to laugh
sentir	to feel
content	glad
déprimé	depressed
ennuyeux/ ennuyeuse	boring
heureux/ heureuse	happy
malheureux/ malheureuse	unhappy
sensible*	sensitive
triste	sad

Premiers Poèmes

Exercices

A. Complétez chaque phrase comme il vous plaira.

1. Je suis content/e quand _____.
2. Les gens sensibles _____.
3. _____ est très ennuyeux/euse.
4. Je m'inquiète si _____.
5. Ne pleurez pas _____.
6. Nous rions parce que _____.

B. Complétez chaque phrase à l'aide de l'adjectif démonstratif (ce, cet, cette, ces) approprié.

1. _____ cœur m'est venu du Sénégal.
2. _____ sentiments sont tristes.
3. _____ poème exprime la douleur.
4. _____ ennui se passera.

Prononciation

Prononcez chacun des mots suivants en faisant attention au son nasal [õ] comme dans le mot anglais *donkey*. Ne prononcez pas le n ou le m.

1. trahis**on**
2. corresp**ond**
3. cramp**on**
4. av**ons**
5. s**ont**
6. **om**bre

Léon Laleau

Léon Damas
(1912-1978)

Savoir-vivre° — good manners

On ne bâille pas chez moi comme ils bâillent chez eux — yawn
avec la main sur la bouche
je veux bâiller sans tralalas° — fuss
le corps recroquevillé° — curled up
dans les parfums qui tourmentent la vie
que je me suis faite
de leur museau° de chien d'hiver — snout
de leur soleil qui ne pourrait pas même tiédir° — warm
l'eau de coco qui faisait glouglou° dans mon ventre au réveil — gurgle

Laissez-moi bâiller la main
là
sur le cœur
à l'obsession de tout ce à quoi j'ai en un jour
donné le dos.

Poète noir, né à Cayenne, capitale de la Guyane française, Damas fait des études de droit à Paris. Il traduit les sentiments de l'étranger (*stranger*) venu en Europe avec humeur, parfois avec brutalité. Le rythme de sa poésie est très important.

Questions

Répondez à chaque question par une phrase complète.

1. Que veut dire *chez moi* et *chez eux* selon le poète?
2. De quelle couleur est le museau d'un chien en hiver? Pourquoi?
3. Quelle est la différence entre le soleil parisien et le soleil tropical?
4. Qu'est-ce qui crée la différence de ton entre ce poème et «Trahison» par Laleau?
5. Comment l'étranger exprime-t-il son indépendance?

Vocabulaire

Le corps

la bouche	mouth
le bras	arm
le corps	body
le cou	neck
le doigt	finger
le dos	back
l' épaule *(f)*	shoulder
le genou	knee
la jambe	leg
la main	hand
le nez	nose
l' œil *(m)* **les yeux** *(pl)*	eye, eyes
l' oreille *(f)*	ear
le pied	foot
la poitrine	chest
le talon	heel
la tête	head
le ventre	stomach
bâiller	to yawn
entendre	to hear
goûter	to taste
respirer	to breathe
sentir	to smell
toucher	to touch
tousser	to cough
voir	to see

Exercices

A. Formez des phrases complètes à l'aide des mots suivants.
1. petit / nez / joli
2. sœur / yeux / bleus
3. écrire / main / droite
4. je / bâiller / ennuyeux
5. doigt / cinq / main
6. s'asseoir / enfant / genoux
7. aimer / goûter / chocolat
8. tourner / dos / partir

B. Choisissez un pronom tonique différent pour compléter chaque phrase.

1. Je vous invite chez _____.	vous
2. Iras-tu chez _____?	nous
3. Nous devons rentrer chez _____?	eux
4. Le poète veut il retourner chez _____?	lui
5. Est-ce qu'on bâille comme ça chez _____?	toi
	moi

Prononciation

Prononcez chacun des mots suivants en faisant attention au son nasal [ɛ̃] comme dans le mot anglais *angle*. Ne prononcez pas le n.

1. **vien**drez
2. canad**ien**
3. b**ien**
4. v**in**
5. p**ain**
6. **in**times

Marie Laurencin
(1885-1956)

Le Calmant

Plus qu'ennuyée
    Triste
Plus que triste
    Malheureuse
Plus que malheureuse
    Souffrante
Plus que souffrante
    Abandonnée
Plus qu'abandonnée
    Seule au monde
Plus que seule au monde
    Exilée
Plus qu'exilée
    Morte
Plus que morte
    Oubliée

Mieux connue comme peintre, Marie Laurencin écrit une poésie d'une certaine naïveté.

Questions

Répondez à chaque question par une phrase complète.

1. Relevez les adjectifs en commençant par *triste* et en finissant par *oubliée*.
2. Dites quelle condition semble être la plus grave et expliquez pourquoi.
3. Trouvez-vous ce poème touchant *(touching)*? déprimant? monotone? Justifiez votre réponse.
4. Imaginez quelle personne pourrait éprouver ces sentiments et pour quelles raisons.

Vocabulaire

Les mesures

le centimètre	centimeter
le kilogramme	kilogram
le kilomètre	kilometer
le mètre	meter
la moitié	half
le nombre	number
le poids	weight
le quart	one-fourth
la température	temperature
le tiers	one-third
comparer	to compare
compter	to count
grossir	to gain weight
maigrir	to lose weight
peser	to weigh
aussi que	as much...as
autant que	as ... as
beaucoup	much
même	same, even
moins	less
plus	more
tellement	so, so much

Exercices

A. Répondez à chaque question par une phrase complète.

1. Qui est la personne la plus grande dans la salle?
2. Qui parle le plus? Le moins?
3. Qui travaille le plus? Le moins?
4. Qui a les cheveux les plus foncés *(dark)*? Les moins foncés?
5. Y a-t-il autant de garçons que de filles dans la salle?
6. Y a-t-il autant de jeunes que de vieux?
7. Qui est le plus âgé? Le moins âgé?
8. Combien de personnes ont le même âge?

B. Complétez chaque phrase en utilisant le vocabulaire de cette leçon.

1. Il y a mille mètres dans _____.
2. On pèse un objet pour savoir _____.
3. On mange moins quand on veut _____.
4. Pour _____ il faut manger beaucoup.
5. Il y a cent centimètres dans _____.
6. Cinquante pour cent (percent) est l'équivalent de _____.
7. Les _____ 1, 3, 5, 7, et 9 sont impairs *(uneven)*.

C. Complétez chaque phrase avec un mot comparatif (supérieur = plus, inférieur = moins, ou égal = aussi/autant).

1. Je suis _____ intelligent(e) qu'Albert Einstein.
2. On boit _____ de vin en France qu'aux Etats-Unis.
3. Il y a _____ de jours en février qu'en juin.
4. Les Parisiens parlent _____ rapidement que moi.
5. Il fait _____ froid en été qu'en hiver.
6. Il y a _____ de jours en septembre qu'en avril.
7. Ma maison est _____ grande que la Maison Blanche.
8. La moitié est _____ à cinquante pour cent.
9. Les sports m'intéressent _____ que la cuisine.

Marie Laurencin

Prononciation

Prononcez chacun des mots suivants en faisant attention au son nasal [ã] comme dans le mot anglais *haunt*. Ne prononcez pas le m ou le n.

1. ch**am**bre
2. t**emps**
3. v**en**t
4. **en**s**em**ble
5. fr**an**çais
6. J**ean**

Jacques Prévert
(1900-1977)

Le Cancre° — dunce

Il dit non avec la tête
mais il dit oui avec le cœur
il dit oui à ce qu'il aime
il dit non au professeur
il est debout
on le questionne
et tous les problèmes sont posés,
soudain le fou rire° le prend, — uncontrollable laughter
et[†] il efface° tout — erases
les chiffres° et les mots — numbers
les dates et les noms
les phrases et les pièges° — traps
et malgré les menaces° du maître° sous les — threats/teacher
huées[‡]° des enfants prodiges° — boos/prodigies
avec des craies° de toutes les couleurs — chalk
sur le tableau noir du malheur
il dessine le visage du bonheur.

Jacques Prévert, Paroles, © Editions Gallimard
[†]Ne prononcez jamais la lettre **t** dans le mot **et**.
[‡]Ne prononcez jamais la consonne devant un h aspiré.

Questions

Répondez à chaque question par une phrase complète.

1. Qu'est-ce qui montre l'ambivalence de l'élève?
2. Quelle est l'attitude de ses camarades de classe?
3. Où commence la seconde partie du poème? Justifiez votre réponse.
4. Quelle est votre réaction au dernier vers? Expliquez pourquoi.

Vocabulaire

L'école

le college*	middle school
le cours	cours
les devoirs *(m)*	homework
l' école *(f)*	school
l' élève *(m/f)*	pupil
l' étudiant/e *(m/f)*	student
l' examen *(m)*	examination
le lycée	high school (about two years beyond U.S. school)
le maître	male teacher
la maîtresse	female teacher
la note*	grade
le professeur	professer, teacher
la promotion*	class (school group)
la rentrée	return (to school)
apprendre	to learn
apprendre par cœur	to memorize
comprendre	to understand
échouer	to fail
écrire	to write
enseigner	to teach
ignorer*	not to know
lire	to read
passer* un examen	to take an exam
être reçu à un examen	to pass an exam

Exercices

A. Combinez chaque mot de la liste de droite avec le mot qui lui convient le mieux dans la liste de gauche. Faites une phrase avec les deux mots.

1. promotion   devoir

2. rentrée   examen
3. écrire   septembre
4. maître   enseigner
5. passer   livre
6. lire   ignorer
7. réponse   même

B. Mettez chaque verbe au singulier ou au pluriel suivant les cas. Faites les autres changements nécessaires.

1. L'élève apprend par cœur le poème.
2. Je lis très vite.
3. Le professeur d'histoire enseigne depuis dix ans.
4. Tu ne comprends pas le devoir?
5. Nous passons l'examen en juin.
6. J'écris dix pages par jour.
7. Vous n'échouez jamais.
8. Ces élèves prodiges comprennent tout.
9. Bravo! Vous êtes reçu.
10. Je choisis les cours intéressants.

Prononciation

Prononcez chacun des mots suivants en faisant attention au son [ʒ] comme dans les mots anglais plea**s**ure, *vision*.

1. piè**g**e
2. visa**g**e
3. **G**eor**g**es
4. bour**g**eois
5. rou**g**e
6. **j**eudi

Aliette Audra
(1897-1962)

Unsaid

Les mots qu'on ne peut jamais dire
Se promènent dans l'air du temps
Ils ont chaud, ils ont froid ou pire°   worse
Ils ont peur d'un nouveau printemps.

Les mots qu'il faudra toujours taire°   keep quiet
S'ils devenaient des grains° de blé°   seeds/wheat
On s'agenouillerait° par terre,   would kneel
Pour bénir° les sillons comblés°.   bless/full furrows

O tenez-vous bien à distance
Des mots qui seraient éclatants°   brilliant
Si vous leur donniez la licence°   freedom
De tout brûler° en existant.   burn

Les mots qui resteront silence
Contenaient les plus beaux instants.

Audra, poètesse française, parle souvent du mystère des mots. Elle a traduit en français les *Sonnets from the Portuguese* d'Elizabeth Barrett Browning.

Questions

Répondez à chaque question par une phrase complète.

1. Quelle est l'image la plus intéressante? Les mots dans l'air? comme grains de blé? autre chose?
2. Y a-t-il des mots qu'il faut toujours taire? Lesquels? Pourquoi?
3. De quels mots s'agit-il dans ce poème? Les sentiments amoureux? Les confidences? Les injures *(insults)*?
4. Comparez ce poème au poème de Samain. Comment le ton change-t-il d'un poète à l'autre? Lequel est le plus touchant? le plus étrange? le plus précieux *(affected)*?

Vocabulaire

Les mots

l' **argot** *(m)*	slang
l' **idée** *(f)*	idea
la **langue**	language
la **langue maternelle**	native tongue
le **mot**	word
le **mot juste**	exact, right word
l' **orthographe** *(f)*	spelling
la **pensée**	thought
le **sens**	meaning
le **sens propre**	literal meaning
le **symbole**	symbol
décrire	to describe
dire	to say, to tell
écrire	to write
exprimer	to express
lire	to read
parler	to speak
raconter	to tell, to recount
vouloir dire	to mean
étranger/étrangère	foreign
figuré	figurative

Exercices

A. Complétez chaque phrase à l'aide d'un mot choisi dans la liste de droite.

1. Je ne peux pas _____ ce sentiment.   rester
2. Il faut toujours _____ ces mots.   taire
3. Ce poète doit _____ le mystère.   décrire
4. On ne peut pas _____ le sens.   aimer
5. Je veux _____ silencieux(euse).   comprendre

écrire

exprimer

B. Employez l'imparfait et le conditionnel pour compléter les phrases suivantes. L'imparfait s'emploie après **si**.

1. Si vous _____, je _____.
       (parler)   (ecouter)
2. Si elles _____ ces mots, ils _____ éclatants.
       (dire)   (être)
3. Si vous leur _____ la liberté, les idées _____ cela.
             (donner)   (exprimer)
4. Nous _____ si le sens ne _____ pas mystérieux.
       (comprendre)   (rester)

Prononciation

Les mots «maudits»: les voyelles nasales. Il y a une voyelle nasale dans **un** mot de chaque pair. Prononcez chaque pair de mots en faisant attention à la différence.

1. Jeanne / J**ean**
2. Rennes / R**eim**s
3. Cannes / C**aen**
4. p**ain** / peine
5. **en**nui / une nuit
6. b**on** /bonne

Albert Samain
(1858-1900)

Je rêve de vers doux...

Je rêve de vers doux° et d'intimes ramages°,   sweet/warbling
De vers à frôler° l'âme ainsi que des plumages,   brush

De vers blonds où le sens fluide se délie°   loosens
Comme sous l'eau la chevelure d'Ophélie°,   Hamlet's beloved
De vers silencieux, et sans rythme et sans trame°,   texture
Où la rime sans bruit glisse comme une rame°,   oar

De vers d'une ancienne étoffe°, exténuée,   fabric
Impalpable° comme le son et la nuée°,   intangible/clouds

De vers de soir d'automne ensorcelant° les heures   bewitching
Au rite féminin des syllabes mineures.

Je rêve de vers doux mourant comme des roses.

Samain est né à Lille. Ses poèmes se distinguent par leur musicalité et leur souci de beauté plastique.

Questions

Répondez à chaque question par une phrase complète.

1. A quoi sont comparés les vers?
2. A quels sens (goût, odorat, ouïe, toucher, vue) font appel les diverses comparaisons du poème?
3. Montrez comment les vers vivent pour le poète.
4. Quels sont les mots répétés? Quel en est l'effet?

Vocabulaire

La poésie

l' **art** *(m)*	art
l' **auteur** *(m)*	author
l' **image** *(f)*	image
la **littérature**	literature
l' **œuvre** *(f)*	work (of art)
le **poème**	poem
la **poésie**	poetry
le **poète**	poet
la **rime**	rhyme
le **rythme**	rhythm
la **strophe**	stanza
la **syllabe**	syllable
le **vers***	line (of poetry)
les **vers** *(m)*	verse, poetry
la **voyelle**	vowel
chanter	to sing
composer	to compose
évoquer	to evoke
inspirer	to inspire
réciter	to recite
suggérer	to suggest
lyrique	lyrical
précieux/ précieuse	affected, artificial

Exercices

A. Faites des phrases à l'aide des mots suivants.

1. idée / inspirer / poète

2. écrivain / image / nature
3. rime / musicale / belle
4. je / préférer / poèmes
5. nombre / syllabes / vers
6. poème / précieux / penser

B. Remplacez les mots en italique par le participe présent.

Exemple: Je rêve de vers *qui meurent.*   *mourant*
1. *qui riment* sans bruit
2. *qui frôlent* l'air
3. *qui ressemblent* à l'étoffe
4. *qui glissent* comme une rame
5. *qui ensorcèlent* les heures

Prononciation

Prononcez chacun des mots suivants en faisant attention au son [j] comme dans le mot anglais *yes*.

1. **y**eux
2. c**i**el
3. fi**ll**e
4. p**i**ed
5. sole**il**
6. act**i**on

Appendice

Charles d'Orléans
(1394-1465)

Rondeau

Le temps a laissé son manteau
De vent, de froidure° et de pluie, — chilliness
Et s'est vêtu° de broderie, — dressed
De soleil luisant°, clair et beau. — shining

Il n'y a bête, ni oiseau,
Qu'en son jargon ne chante ou crie:
Le temps a laissé son manteau!

Rivière, fontaine et ruisseau° — stream
Portent, en livrée° jolie, — livery
Gouttes° d'argent d'orfèvrerie°, — drops/gold
Chacun s'habille de nouveau:
Le temps a laissé son manteau.

Pierre de Ronsard
(1524-1585)

Mignonne, allons voir...

Mignonne°, allons voir si la rose   sweetheart
Qui ce matin avait déclose°   opened
Sa robe de pourpre au Soleil,
A point perdu cette vêprée°   evening
Les plis de sa robe pourprée,
Et son teint° au vôtre pareil.   color

Las! Voyez comme en peu d'espace,
Mignonne, elle a dessus la place,
Las! las! ses beautés laissé choir°!   fall
O vraiment marâtre° Nature,   stepmother
Puisqu'une telle fleur ne dure
Que du matin jusques au soir!

Donc, si vous me croyez, mignonne,
Tandis que votre âge fleuronne°   blooms
En sa plus verte nouveauté,
Cueillez, cueillez° votre jeunesse: gather
Comme à cette fleur la vieillesse°   old age
Fera tenir° votre beauté.   tarnish

Jean de la Fontaine
(1621-1695)

La Cigale° et la Fourmi°   cricket/ant

La Cigale, ayant° chanté   having
Tout l'été,
Se trouva fort dépourvue°   in want
Quand la bise° fut venue: wind
Pas un seul petit morceau
De mouche ou de vermisseau.
Elle alla crier famine
Chez la Fourmi sa voisine,
La priant de lui prêter°   lend
Quelque grain pour subsister
jusqu'à la saison nouvelle.

Je vous paierai, lui dit-elle,
Avant l'août°, foi° d'animal,   August/honor
Intérêt et principal.
La Fourmi n'est pas prêteuse°:   lender
C'est là son moindre° défaut.   least
Que faisiez-vous au temps chaud?
Dit-elle à cette emprunteuse°.   borrower
-Nuit et jour à tout venant
Je chantais, ne vous déplaise°.   displease
-Vous chantiez? J'en suis fort aise°: delighted
Eh bien! dansez maintenant.

Victor Hugo
(1802-1885)

Demain dès l'aube°

°dawn

Demain, dès l'aube, à l'heure où blanchit° la campagne,   °whitens
Je partirai. Vois-tu, je sais que tu m'attends.
J'irai par la forêt, j'irai par la montagne.
Je ne puis demeurer loin de toi plus longtemps.

Je marcherai les yeux fixés sur mes pensées,
Sans rien voir au dehors, sans entendre aucun bruit,
Seul, inconnu, le dos courbé°, les mains croisées°,   °bent/folded
Triste, et le jour pour moi sera comme la nuit.

Je ne regarderai ni l'or° du soir qui tombe,   °sunset
Ni les voiles° au loin descendant vers Harfleur°,   °sails/port in Normandy
Et, quand j'arriverai, je mettrai sur ta tombe
Un bouquet de houx° vert et de bruyère° en fleur.   °holly/heather

Charles Baudelaire
(1821-1869)

L'Étranger

Qui aimes-tu le mieux, homme énigmatique, dis?
ton père, ta mère, ta sœur ou ton frère?
-Je n'ai ni père, ni mère, ni sœur, ni frère.
-Tes amis?
-Vous vous servez là d'une parole dont le sens°   whose meaning
m'est resté jusqu'à ce jour inconnu°.   unknown
-Ta patrie?
-J'ignore° sous quelle latitude elle est située.   do not know
-La beauté?
-Je l'aimerais volontiers, déesse° et immortelle.   goddess
-L'or°?   gold
-Je le hais° comme vous haïssez Dieu.   hate
-Eh! qu'aimes-tu donc, extraordinaire étranger?
-J'aime les nuages... les nuages qui passent...
là-bas... là-bas... les merveilleux nuages!

Paul Verlaine
(1844-1896)

Mon Rêve familier

Je fais souvent ce rêve étrange et pénétrant
D'une femme inconnue°, et que j'aime, et qui m'aime,   uknown
Et qui n'est, chaque fois, ni tout à fait la même
Ni tout à fait une autre, et m'aime et me comprend.

Car elle me comprend, et mon cœur, transparent
Pour elle seule, hélas! cesse° d'être un problème   ceases
Pour elle seule, et les moiteurs° de mon front blême°,   dampness, pale
Elle seule les sait rafraîchir°, en pleurant.   soothes

Est-elle brune, blonde ou rousse? -Je l'ignore°.   do not know
Son nom? Je me souviens qu'il est doux° et sonore   soft
Comme ceux des aimés que la Vie exila.

Son regard est pareil au regard des statues,
Et pour sa voix lointaine, et calme, et grave, elle a
L'inflexion des voix chères qui se sont tues°.   become silent

Arthur Rimbaud
(1854-1891)

Sensation

Par les soirs bleus d'été, j'irai dans les sentiers°,	paths
Picoté° par les blés, fouler° l'herbe menue°	pricked/trampling/fine
Rêveur, j'en sentirai la fraîcheur à mes pieds.	
Je laisserai le vent baigner ma tête nue°.	bare
Je ne parlerai pas, je ne penserai rien:	
Mais l'amour infini me montera dans l'âme°,	soul
Et j'irai loin, bien loin, comme un bohemien°,	gypsy
Par la Nature,-heureux comme avec une femme[†].	

[†] Rimbaud a écrit ce poème en 1870, à l'âge de seize ans.

Alphabet Phonétique

Les symboles phonétiques de l'alphabet international phonétique sont souvent écrits entre [ ], par exemple, eu: [y], eux: [ø].

1. Voyelles

    [i] ici, Yves
    [e] été, donner
    [ɛ] est, seize
    [a] ami, toi
    [ɑ] âme, pâte
    [ɔ] or, sonner
    [o] ose, beau
    [u] ou, tout
    [y] une, tu
    [ø] eux, peu
    [œ] œuf, jeune
    [ə] ce, premier

2. Voyelles nasales

    [ɛ̃] vin, pain
    [ã] banc, temps
    [õ] bon, salon
    [õe] un / lundi

3. Semi-consonnes

    [j] hier, yeux
    [ɥ] nuit, suis
    [w] oui, Louis

4. Consonnes

    [p] paix, opéra
    [t] thé, vite
    [k] kilo, qui, corps
    [b] bas, debout
    [d] des, idée
    [g] gauche, bague
    [f] feu, phrase
    [v] vais, rêve
    [s] sens, fausse, nation
    [z] zéro, raison
    [ʃ] chat, mouche
    [ʒ] jambe, nager

[l] long, elle
[r] rire, air
[m] mars, aime
[n] nœud, panne
[ɲ] ignore, oignon
[ŋ] parking

Glossaire

The glossary contains all of the words from the vocabulary lists throughout the book. It does not include most glosses. Each definition applies to the word in the context in which it appears in this book. False cognates are indicated by an asterisk.

A

aboyer	to bark
accuser	to accuse
acheter	to buy
***achever**	to complete
acteur *(m)*, **actrice** *(f)*	actor, actress
***actuel / actuelle**	current, present
***actuellement**	at present, now
adolescence *(f)*	adolescence
âge *(m)*	age;
troisième âge	senior citizen;
entre deux ages	middle-aged
âgé	old, aged
s'agir de	to be about
aider	to assist
aigre	sour
aimer	to love
aîné	older, eldest
alcool *(m)*	alcohol
alimentation *(f)*	food
amitié *(f)*	friendship
***s'amuser**	to enjoy oneself
an *(m)*	year
année *(f)*	year
anorak *(m)*	parka
Antilles *(f)*	islands in the Caribbean, including francophone Martinique and Guadeloupe
apéritif *(m)*	aperitif
appartement *(m)*	apartment
apprendre	to learn
apprendre par cœur	to memorize
argent *(m)*	money
argot *(m)*	slang
arrêter	to stop

Premiers Poèmes

art *(m)*	art
assister	to help
***assister à**	to attend
***attendre**	to wait
aujourd'hui	today
aussi... que	as . . . as
autant	as much
auteur *(m)*	author
avaler	to swallow
avancer	to move forward
avenir *(m)*	future
avis *(m)*	opinion
avoir	to have

B

bâiller	to yawn
banque *(f)*	bank
beaucoup	much
benjamin/benjamine	youngest
beurre *(m)*	butter
bibliothèque *(f)*	library
bicyclette *(f)*	bicycle
bien	well
bière *(f)*	beer
blanc/blanche	white
blessure *(f)*	injury
bleu	blue
boire	to drink
boisson *(f)*	beverage
bonheur *(m)*	happiness
bouche *(f)*	mouth
bras *(m)*	arm
briller	to shine
bruit *(m)*	noise
brumeux/brumeuse	foggy
brun/brune	brown

C

***cadet/cadette**	younger
café *(m)*	coffee
caisse *(f)*	cash register
***car** *(m)*	bus
caractère *(m)*	character
carte *(f)* **de crédit**	credit card

centimètre *(m)*	centimeter
chambre	room
chambre à coucher	bedroom
***chance** *(f)*	luck
chandail *(m)*	sweater
chanson *(f)*	song
chanter	to sing
chapeau *(m)*	hat
chaud	hot
chaussette *(f)*	sock
chaussure *(m)*	shoe
chef-d'œuvre *(m)*	masterpiece
chemise *(f)*	shirt, blouse
cher/chère	expensive
cidre *(m)*	cider
ciel *(m)*	sky
***circulation** *(f)*	traffic
clair	light
client *(m)*	customer
cœur *(m)*	heart
***collège** *(m)*	middle school
comparer	to compare
compatissant	sympathetic
***complet** *(m)*	suit
composer	to compose
comprendre	to understand
compter	to count
conduire	to drive
***conférence** *(f)*	lecture
confiance *(f)*	confidence, trust
conseil *(m)*	advice
consommer	to consume
construire	to build
contagieux/contagieuse	contagious
content	glad
convenable	appropriate, proper
corps *(m)*	body, figure
cou *(m)*	neck
coudre	to sew
couleur *(f)*	color
coupable	guilty
cours *(m)*	course
cousin *(m)*, **cousine** *(f)*	cousin
coûter	to cost
couvert	cloudy

cru	raw
cuire	to cook
cuisine *(f)*	kitchen, food
cuit	cooked

D

D.A.B. (distributeur automatique de billets) *(m)*	A.T.M.
danser	to dance
décrire	to describe
déjeuner	to have lunch, to lunch
délicieux / délicieuse	delicious
demain	tomorrow
démarrer	to start
déménager	to move out
se dépêcher	to hurry
dépenser	to spend
déprimé	depressed
désert *(m)*	desert
détester	to detest, to hate
devoir	to ought, to must, to have to
devoir *(m)*	duty; devoirs *(m pl)* homework
dîner	to have dinner, to dine
dire	to say
discret, discrete	discreet
doigt *(m)*	finger
D.O.M/T.O.M. départements d'outre-mer/territoires d'outre-mer) *(m)*	French overseas departments / French overseas territories
dos *(m)*	back
dormir	to sleep
***douche** *(f)*	shower
douleur *(f)*	pain, sadness
doux/douce	sweet, soft
droit *(m)*	right (entitlement)
droite *(f)*	right (hand, side)
durer	to last

E

eau *(f)*	water
échouer	to fail

école *(f)*	school
écouter	to listen
écrire	to write
***égoïste**	selfish
élève *(m, f)*	pupil
élever	to raise
élever des enfants	to raise children;
bien élevé	well brought up
employer	to use
emprunter	to borrow
enfance *(f)*	childhood
***engagé**	committed
enlever	to take off
***ennui** *(m)*	boredom
***ennuyeux/ennuyeuse**	boring
enseigner	to teach
entendre	to hear
épargner	to save
épaule *(f)*	shoulder
épeler	to spell
épouser	to marry
espérer	to hope
espoir *(m)*	hope
esprit *(m)*	mind
est *(m)*	east
étage *(m)*	story, floor
éternuer	to sneeze
étranger/étrangère	foreign
être	to be
être *(m)*	humain, human being
étudiant *(m)*	student
euro *(m)*	currency of the European Union
évoquer	to evoke
examen *(m)*	examination
exprimer	to express

F

faim *(f)*	hunger;
avoir faim	to be hungry
faire	to do, to make
famille *(f)*	family
farine *(f)*	flour
fatigué	tired
fauché *(fam)*	broke, without money
femme *(f)*	wife, woman

feu rouge *(m)*	stop light
fiancé(e)	engaged
fièvre *(f)*	fever
***figure** *(f)*	face
figuré	figurative
fille *(f)*	daughter, girl;
petite-fille	granddaughter
fils *(m)*	son;
petit-fils	grandson
fleuve *(m)*	river
foncé	dark
forme *(f)*: **être en bonne/**	
mauvaise forme	to be in good/bad shape
fort	loud
frais/fraîche	fresh; cool
frapper	to strike
frère *(m)*	brother
froid	cold
fromage *(m)*	cheese
fruit *(m)*	fruit
***fruits de mer**	seafood

G

gai	cheerful
gâteau *(m)*	cake
gâter	to spoil
gauche	left
gel *(m)*	frost
geler	to freeze
généreux/généreuse	generous
genou *(m)*, **genoux** *(pl)*	knee
gentil/gentille	nice
gorge *(f)*	throat;
avoir mal à la gorge	to have a sore throat
goût *(m)*	taste
goûter	to taste
goûter *(m)*	snack
grandir	to grow up
grand-mère *(f)*	grandmother
grand-père *(m)*	grandfather
gris/grise	gray
grossir	to gain weight
guérir	to cure
guerre *(f)*	war

H

s'habiller	to get dressed
habiter	to inhabit, to dwell, to live in
haïr	to hate
harmonieux/harmonieuse	harmonious
hasard (m)	chance
heure (f)	hour, time
heureux/heureuse	happy
hier	yesterday;
hier soir	last night
honnête	honest
***humeur (f)**	mood
hypocrisie *(f)*	hypocrisy

I

idée *(f)*	idea
***ignorer**	not to know
île *(f)*	island
image *(f)*	image
imperméable *(m)*	raincoat
***injure** *(f)*	insult
innocent	innocent
s'inquiéter	to worry
inspirer	to inspire
s'installer	to move in, to settle in

J

jambe *(f)*	leg
jaune	yellow
jeune	young
jeûner	to fast
jeunesse *(f)*	youth
jouer	to play;
jouer à un sport	to play a sport;
jouer de la musique	to play music
jour *(m)*	day
journée *(f)*	the entire day
juger	to judge
jupe *(f)*	skirt
jurer	to swear, to take oath
jus (m)	juice
***juste**	fair

K

kilogramme *(m)*	kilogram
kilomètre *(m)*	kilometer
klaxonner	to honk a car horn

L

lac *(m)*	lake
lâche	cowardly
lait *(m)*	milk
langue *(f)*	tongue, language
langue maternelle	native language
***lecture** *(f)*	reading
légume *(m)*	vegetable
liberté *(f)*	freedom
***librairie** *(f)*	bookstore
libre	free
lire	to read;
lire à haute voix	to read aloud
littérature *(f)*	literature
loi *(f)*	law
louer	to rent
lune *(f)*	moon
lutter	to fight, to struggle
lycée *(m)*	high school (about two years beyond U.S. school)
lyrique	lyrical

M

magasin *(m)*	store
Maghreb *(m)*	North African countries: Morocco, Algeria, Tunisia
maigrir	to lose weight
maillot *(m)*	bathing suit
main *(f)*	hand
maison *(f)*	house
maître *(m)*/**maîtresse** *(f)*	teacher
majuscule	capital letter
malade	sick
maladie *(f)*	disease, sickness
malheureux/malheureuse	unhappy
manger	to eat
manteau *(m)*	coat
marché *(m)*	market;
bon marché	inexpensive
mari *(m)*	husband

Glossaire

se marier avec	to marry
matin *(m)*	morning
matinée *(f)*	morning
***médecin** *(m)*	doctor
même	same, even
ménage *(m)*	household, couple;
faire le ménage	to do housework
mentir	to lie
mer *(f)*	sea
mère *(f)*	mother
mètre *(m)*	meter
mettre	to put, to put on
miauler	to meow
midi *(m)*	noon
Midi *(m)*	southern France, including Provence
mine *(f):*	complexion;
avoir bonne/	
mauvise mine	to look well/unwell
minuit *(m)*	midnight
moins	less
mois *(m)*	month
moitié *(f)*	half
***monnaie** *(f)*	currency
montagne *(f)*	mountain
mort *(f)*	death
mot *(m)*	word;
mot juste	exact, right word
mourir (p.p. mort)	to die
mûr	ripe
murmurer	to murmur
musicien *(m)*/**musicienne** *(f)*	musician
musique *(f)*	music

N

naissance *(f)*	birth
naître *(p.p. né)*	to be born
neige *(f)*	snow
neiger	to snow
nettoyer	to clean
neveu *(m)*	nephew
nez *(m)*	nose
nièce *(f)*	niece
noir/noire	black
nombre *(m)*	number
nord *(m)*	north

*****note** *(f)*	grade
nourriture *(f)*	food
nuage *(m)*	cloud
nuit *(f)*	night

O

*****occasion** *(f)*	chance
occidental	western
*****occupé**	busy
océan *(m)*	ocean
œil *(m)*, **yeux** *(pl)*	eye, eyes
œuvre *(f)*	work (of art)
oncle *(m)*	uncle
onde *(f)*	wave
oreille *(f)*	ear
oriental	eastern
orthographe *(f)*	spelling
ouest *(m)*	west
ouïe *(f)*	hearing

P

pain *(m)*	bread
paix *(f)*	peace
panne (f)	breakdown;
être en panne	to be out of order, broken
pantalon *(m)*	trousers, pants
*****parent** *(m)*	relative, parent
parler	to speak
partager	to share
*****passer un examen**	to take an examination
*****passer le temps**	to spend time
patience *(f)*	patience
payer	to pay
pays *(m)*	country
peindre	to paint
peine *(f)*	punishment
peintre *(m)*	painter
pensée *(f)*	thought
perdre	to lose
perdre son temps	to waste time
père *(m)*	father
peser	to weigh
*****phrase** *(f)*	sentence
*****pièce** *(f)*	room

pied *(m)*	foot
placard *(m)*	closet
pleurer	to cry
pleuvoir	to rain
pluie *(f)*	rain
plus	more
poème *(m)*	poem
poésie *(f)*	poetry
poète *(m)*	poet
poids *(m)*	weight
point *(m)*	period (punctuation)
poisson *(m)*	fish
poitrine *(f)*	chest
poivre *(m)*	pepper
porter	to wear
posséder	to own
potable	drinkable
poumon *(m)*	lung
pouvoir	to be able
***précieux/précieuse**	affected, artificial
se presser	to hurry
***pretendre**	to claim, to assert
principal	main
prix *(m)*	price
***procès** *(m)*	trial
professeur *(m)*	professer, teacher
***promotion** *(f)*	class (school group)
***propre**	clean, own
propriétaire *(m)*	owner
protéger	to protect

Q

quart *(m)*	one-fourth
quartier *(m)*	neighborhood

R

raconteur	to tell
***raisonnable**	sensible
***realiser**	to achieve
recevoir (p.p. reçu)	to receive
être reçu à un examen	to pass an examination
réciter	to recite
reculer	to reverse, to back up
***reel/réelle**	actual

regarder	to look at
relever	to point out
remarquer	to notice, to observe
se rendre compte	to realize
rentrée *(f)*	return (to school)
repas *(m)*	meal
repos	rest, relaxation
reposé	rested
respecter	to respect
respirer	to breathe
rester	to remain
rester debout	to stay up
retentissant	resounding, booming
rêve *(m)*	dream
***revenu** *(m)*	income
rêver	to dream
rez-de-chaussée *(m)*	ground floor
rhume *(m)*	cold
rime *(f)*	rhyme
rire	to laugh
***robe** *(f)*	dress
ronfler	to snore
rouge	red
roux/rousse	red-haired
rythme *(m)*	rhythm

S

sain/saine	healthy
salle *(f)*	room
salle de bains	bathroom (for bathing)
salon *(m)*	living room
sang *(m)*	blood
santé *(f)*	health
sel *(m)*	salt
semaine *(f)*	week
semblant: faire semblant	to pretend
sens *(m)*	sense (e.g. of touch), meaning;
sens propre	literal meaning
***sensible**	sensitive
sentiment *(m)*	feeling
sentir	to feel
siècle *(m)*	century
siffler	to whistle
silence *(m)*	silence
sœur *(f)*	sister

Glossaire

soif (f)	thirst
avoir soif	to be thirsty
soigner	to take care of
soir (m)	evening
soirée (f)	evening, party
soleil (m)	sun
son (m)	sound
sonate (f)	sonata
sonner	to ring, to strike (the hour)
sonore	ringing, resonant
souci (m)	worry
sourd	deaf, muted sound
soutenir	to support
***souvenir** (m)	memory, souvenir
souvent	often
strophe (f)	stanza
sucre (m)	sugar
sud (m)	south
suggérer	to suggest
***supporter**	to bear, to tolerate
surdité (f)	deafness
syllabe (f)	syllable
symbole (m)	symbol
***sympathique**	likeable, attractive

T

tableau (m)	painting
se taire	to be silent
talon (m)	heel
tante (f)	aunt
tard	late
tellement	so, so much
température (f)	temperature
temps (m)	time
de temps en temps	once in a while
tenir	to hold
ne tenir aucune compte de	to ignore
terre (f)	earth, land
tête (f)	head
avoir mal à la tête:	to have a headache
thé (m)	tea
tiède	warm
tiers (m)	one-third
tisane (f)	herb tea

titre *(m)*	title
***toilette** *(f)*: ***faire sa toilette**	to get washed
toilettes *(f pl)*	toilet, bathroom
ton *(m)*	tone
tonalité *(f)*	tone, beep
tôt	early
toucher	to touch
toucher *(m)*	[sense of] touch
tousser	to cough
traduire	to translate
triste	sad
se trouver	to be, to be located

U

***unique**	only
université *(f)*	college

V

valoir	to be worth
vendeur (m)/vendeuse (f)	salesman, saleswoman
vendre	to sell
vent (m)	wind
ventre (m)	stomach
vérité (f)	truth
***vers (m)**	line (of poetry)
***vers (m pl)**	poetry
vert	green
***veste (f)**	jacket
vêtements (m pl)	clothing
viande *(f)*	meat
vie *(f)*	life
vieillesse *(f)*	old age
vieillir	to grow old, to age
vieux/vieil/ vieille	old
vif/ vive	bright
vin *(m)*	wine
virgule *(f)*	comma
vivre (p.p. vécu)	to live
voir	to see
voisin *(m)*	neighbor
voiture *(f)*	car, automobile
voix *(f)*	voice
voler	to fly
volonté *(f)*	will

vouloir	to want, to wish
vouloir dire	to mean
voyage *(m)*	trip
voyager	to travel
voyelle *(f)*	vowel

W

W.-C. *(m pl)* — toilet (water closet), restroom

Index d'auteurs

	Page
Audra, Aliette (1897-1962)	84
Banville, Théodore de (1823-1891)	14
Baudelaire, Charles (1821-1867)	95
Beauharnais, Fanny de (1737-1813)	68
Damas, Léon (1912-1978)	74
Desbordes-Valmore, Marceline (1786-1859)	17
Desnos, Robert (1900-1945)	4, 8
Eluard, Paul (1895-1952)	61
Fall, Malick (1920-1978)	56
Fort, Paul (1872-1960)	64
Gautier, Théophile (1811-1872)	48
Géraldy, Paul (1885-1983)	20
Hugo, Victor (1802-1885)	94
La Fontaine, Jean de (1621-1695)	93
Laleau, Léon (1892-1979)	71
Laurencin, Marie (1885-1960)	77
Musset, Alfred de (1810-1857)	30
Nerval, Gérard de (1808-1855)	41
Noailles, Anna de (1876-1933)	52
Orléans, Charles d' (1394-1465)	91
Prévert, Jacques (1900-1977)	23, 81
Reverdy, Pierre (1899-1960)	44
Rimbaud, Arthur (1854-1891)	97
Ronsard, Pierre de (1524-1585)	92
Samain, Albert (1859-1900)	87
Ventadour, Bernard de (12e siècle)	38
Verhaeren, Emile (1855-1916)	34
Verlaine, Paul (1844-1896)	96
Yondo, Elalongué Epanya (né en 1930)	26